AF609617

NEUROCIENCIA APLICADA AL
HOCKEY HIERBA

Concepto y 50 tareas para su APRENDIZAJE – ENSEÑANZA

Grupo IAFIDES

Título: NEUROCIENCIA APLICADA AL HOCKEY HIERBA. CONCEPTO Y 50 TAREAS PARA SU APRENDIZAJE – ENSEÑANZA (VERSIÓN EDICIÓN COLOR)
Autor: GRUPO IAFIDES
Corrección del texto: MANUELA CASTILLO SOLER

Editorial: WANCEULEN EDITORIAL
Sello Editorial: WANCEULEN EDITORIAL DEPORTIVA

ISBN (Papel versión blanco y negro): 978-84-18831-15-7
ISBN (Papel versión color): 978-84-18831-16-4
ISBN (Ebook): 978-84-18831-17-1

DEPÓSITO LEGAL: SE 935-2021

Impreso en España.

WANCEULEN S.L.
C/ Cristo del Desamparo y Abandono, 56 - 41006 Sevilla
Dirección web: www.wanceuleneditorial.com y www.wanceulen.com
Email: info@wanceuleneditorial.com

ÍNDICE

INTRODUCCIÓN

El neurocientífico e investigador Fabricio Ballarini habla de que "las investigaciones de neurociencia nos dicen que recordamos y sabemos de los eventos novedosos, los que interrumpen la rutina" ... "hay que educar al cerebro".

"La neurociencia deportiva es práctica, tiene que ver con los focos de atención, los tiempos de retención, como manejar el estrés... es algo experimental"

La neurociencia es un área científica que estudia del sistema nervioso en todo su ámbito. La neuroeducación es la aplicación de la neurociencia al aprendizaje y estudia cómo funciona el sistema nervioso cuando aprendemos. La neurociencia educativa estudia el proceso por el que nuestro cerebro aprende basándose en la genética, el entorno y la experiencia, junto con los procesos cognitivos y emociones y, además, estudia qué sentimientos influyen en el aprendizaje.

Hay una tendencia educativa muy fuerte afianzada en estos conceptos y cada día se ve más reflejada en la enseñanza del deporte, aunque que mal entendida puede llevar a errores y a no conseguir los resultados pretendidos.

El proceso de la toma de decisión es:

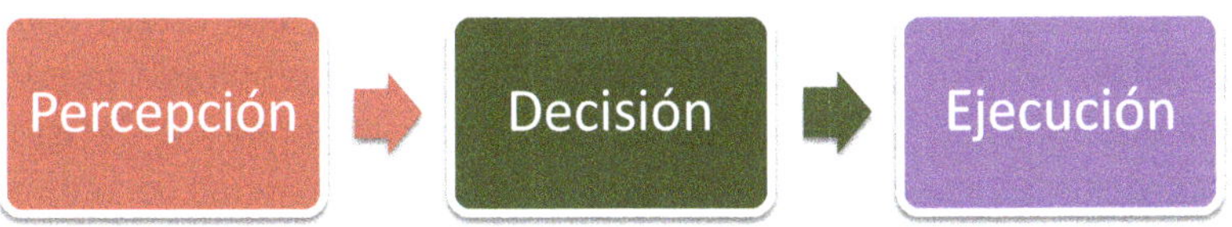

Pero en deportes como el hockey, en el que se resuelven muchas acciones, la realidad es cambiante y el jugador está sometido a estrés competitivo en su desarrollo y aprendizaje (aparecen la testosterona y el cortisol) y el mecanismo de nuestro cerebro tiene que responder a las distintas situaciones sin posibilidad de pensar cuál es la mejor solución. La experiencia y el control de las emociones hará que el mecanismo sea:

Entenderemos por estímulo la percepción de lo que está sucediendo usando los sentidos para decidir con mayor pericia, pero sin la posibilidad de reflexionar para dar una respuesta.

El foco de atención hay que ponerlo en lo importante y ser selectivo, esa capacidad es importante para el desarrollo de los jugadores.

Para desarrollar la neuroplasticidad se necesita de distintos tipos de memoria:

- Memoria declarativa: capacidad de recordar eventos, números, estímulos sensoriales y relatorios.
- Memoria de procedimiento: capacidad de ejecutar acciones motoras complejas aprendidas con anterioridad.

Los jugadores tienen que buscar desarrollar una inteligencia resolutiva durante sus entrenamientos.

En cualquier ámbito de la vida, cuando se falla en una situación, se repite una y otra vez hasta que salga bien, mejorando la ejecución o algún aspecto que creamos haber fallado para alcanzar la excelencia de lo planteado. Ahora bien, en un partido de hockey hierba las situaciones no se repiten en el tiempo. En cada partido nos enfrentamos a un rival distinto, con unas características distintas, con unas habilidades distintas, nuestro estado no es el mismo y el resultado tampoco, por ejemplo. Un jugador está constantemente tomando decisiones ante distintos escenarios: el rival mas cerca o mas lejos, la bola mas fuerte o más débil, los compañeros desmarcados o marcados... Hasta la ejecución de un saque lateral, que puede ser la más aislada o repetitiva en el tiempo durante los partidos, es una acción que cambia según el rival que tenga enfrente, el resultado del partido, el minuto de partido, si es el primero que ejecuta o ya ha ejecutado otros durante el mismo ... No existen dos saques laterales iguales. La clave del aprendizaje es que puedo aprender de los errores que cometa, para no volver a cometerlos y, cuando me encuentre con una situación "igual", el conocimiento y la habilidad que tenga para descartar los estímulos que no tengan trascendencia y para identificar los que puedan influir hará que consiga el resultado pretendido.

Entonces... ¿cómo entrenamos a los jugadores? Si haga lo que haga nunca voy a poder simular lo que va a pasar en el partido...

Cualquier acción requiere una interpretación de lo que está sucediendo, pero no puede ser reflexiva. No existe tiempo para valorar. Si el jugador se para a reflexionar y a valorar perderá cualquier tipo de ventaja que pueda tener ante una situación. Los entrenadores tenemos que darles herramientas para que su ejecución sea eficaz y para que el jugador sea eficiente. Digo eficaz, porque los puntos valen de igual manera de tiro de muñeca que de tiro de impacto. Y tiene que ser eficaz técnicamente (buena ejecución) y eficiente tácticamente (conseguir el objetivo pretendido).

El jugador de hockey tiene que estar en condiciones óptimas para competir y poder rendir durante los partidos. Si un jugador falla un golpeo en un partido no sólo tiene que ser porque sea malo técnicamente o porque no lo haya ejecutado bien; puede ser porque se puso nervioso ante la presión del resultado y se precipitó, porque no usó el tipo de golpeo adecuado para mandar la bola dónde quería, porque el rival se adelantó a su golpeo para anticiparse a la bola, porque eligió mal la parte del stick con la que realizó el golpeo...

¿Cómo corregimos esto?

Parar a los jugadores en una simulación de la acción en la que se le explique al jugador en cuestión cómo o dónde tenía que haber ejecutado el golpeo se considera una pérdida de tiempo y de energías que no producirá ninguna mejora en el jugador de hockey hierba ni en su juego. Hay que darle un feedback rápido y conciso y seguir con lo siguiente. Igualmente, después de esto, poner a un jugador enfrente de otro (vis a vis) y hacer un alto número de repeticiones de golpeos para la corrección de lo sucedido para buscar una mejora del juego sigue siendo poco útil. Las situaciones rutinarias se olvidan.

Se aprende a golpear equivocándonos en el golpeo, y golpeando una y otra vez en distintas situaciones, lo importante no es que el golpeo esté bien ejecutado en cuanto a unos patrones de ejecución del gesto técnico (que es lo que queríamos), lo importante es que, cuando lo falle, recupere pronto la iniciativa para poder tener otra posibilidad de golpear la bola y conseguir que llegue al destino o no perderla, por ejemplo.

Entonces, tenemos que preparar al jugador de hockey hierba para que sea capaz de resolver todas las acciones del juego, porque a lo mejor lo que estuvo mal ("con el periódico del lunes") no es el golpeo, sino que no debió pasar la bola, debería haber conducido y golpear cuando hubiese línea de pase, creyó que el rival se iba a mover y no se movió, debió imprimir mayor fuerza al golpeo ... con lo cual, tenemos que preparar a los jugadores para que sean capaces de resolver las situaciones del partido.

La tendencia para corregir un error es aislarlo y trabajarlo de manera aislada para la mejora del rendimiento, pero la experiencia y el entendimiento del juego como una realidad cambiante hace pensar que nos acerca más al error porque no produce una mejora en el juego, produce una mejora de una acción aislada, que nunca más se volverá a repetir durante la vida deportiva del jugador en las mismas condiciones.

En etapas de formación nos gusta "enseñarles" a los jóvenes jugadores de hockey cómo es el golpeo para la ejecución del pase y hacer esa demostración *"que saca a relucir esa calidad técnica que tenemos todos los entrenadores, muy superior a la de nuestros jóvenes aprendices"*.

El jugador de hockey que todos queremos es el que sabe cuándo tiene que hacer un tipo de golpeo u otro, el que golpea "bien" la bola, el que interpreta la acción del contrario, el que se anticipa a su juego..., en definitiva, el que toma bien las decisiones sobre el terreno de juego.

Es igual de válido un push que un golpeo de látigo, siempre y cuando la bola llegue al destino que queríamos y con ventaja para mi equipo. Puede no ser igual de estético según los patrones motrices del golpeo para esa situación determinada, pero si el jugador puede ejecutarlo con destreza y consigue su objetivo de manera habitual... ¿por qué no?

El profesor Julio Garganta habla del talento como algo que no se descubre, se alcanza. El talento hay que potenciarlo y ponerlo en valor.

"El talento no se encuentra como con un detector de metales, que pita cuando lo tienes delante" (Julio Garganta).

Cuando entrenamos o preparamos a nuestros jugadores tenemos que diseñar nuestras sesiones de entrenamiento. Hoy en día se hacen multitud de tareas intentando "perturbar" la decisión para condicionar al jugador en su toma de decisión: cambiándole el color en el último momento que le indica dónde tiene que tirar, decir un número y tiene que desplazarse hacia un lugar antes de golpear... Y yo me pregunto por qué en un "juego" como el hockey, en el que se toman tantas decisiones, que queremos que el jugador domine y sepa interpretar en cada momento, los estímulos que utilizamos para que el jugador ejecute no tienen nada que ver con el juego.

Durante el juego se coordinan diferentes procesos cognitivos de manera simultanea con la visión periférica.

La visión periférica es importante, pero saber poner el foco en lo relevante es clave para la correcta toma de decisión. Existe un gran número de trabajos aplicados desde el área física en su mayor parte que utilizan estas teorías y estos artículos científicos sobre el aprendizaje en los entrenamientos, pero muy alejados del juego.

En todas las facetas del hockey hierba se intentan copiar cosas de otros deportes que a lo mejor están más avanzados o tienen un mayor grado de estudio y demuestran transferencia. Las situaciones no se repiten nunca en el juego, no hay dos golpeos iguales en un partido, no hay dos rivales iguales, no hay dos tiros iguales en un partido... Entonces, si estamos de acuerdo en esto, ¿no sería mejor preparar a nuestro jugador para que sepa reaccionar mejor ante las situaciones que se dan en el juego y ante estímulos que tengan que ver con este y no con colores, números, palmadas, pitido del silbato...? Existen mu chas dudas de que en un entrenamiento el hecho de que un jugador "vea el rojo y golpee la bola a la zona donde está el color rojo", tenga algo que ver con el juego, con su preparación y con su mejora como jugador de hockey. Mejorará capacidades del individuo, pero no entiendo que mejore como jugador. Es como si pensáramos que a un atleta de 50 metros lisos le va a producir una mejora de su rendimiento en la competición salir hacia el lugar rojo después de ver ese color.

Con esto no quiero decir que no se hagan juegos de activación, que no se hagan este tipo de tareas que nos pueden servir para entretener a los jugadores o como dinámicas, sólo expreso que, si queremos entrenar hockey hierba y sacar mayor rendimiento a los entrenamientos, los que no tenemos muchas horas para poder entrenar a nuestros jugadores tenemos que intentar que nuestras tareas tengan la mayor transferencia al juego posible.

Se podría argumentar que estos estímulos intentan "molestar" al jugador para entrenar la capacidad de enfocarse en lo que está haciendo. Estímulos que nunca se va a encontrar en un partido y a los que nunca tendrá que responder o descartar.

Siempre será mejor trabajar que nuestro jugador envíe la bola a una zona, cuando haya un movimiento del contrario hacia otra, cuando vea que se desplaza, pasar la bola cuando el compañero se desmarque... y conseguiremos mayor transferencia al juego, según el jugador que entrenemos, la edad, nivel de desarrollo del jugador y sus capacidades y cualidades.

¿Y si lo ponemos a pasar la bola ante jugadores que se intentan desmarcar? Unos lo conseguirán y otros no. El jugador tendrá que identificar el estímulo al que tiene que reaccionar (jugador bien desmarcado) y pasarle la bola con ventaja para recibir descartando todos los demás estímulos (desmarques que no se consiguieron). Y si además el jugador pasa ante la presión de un jugador, se cruzan jugadores por medio, colocamos una portería con portero para que el jugador que reciba el pase tire, si falla el pase tendrá que ir a recuperar la bola para volver a pasar... podremos aumentar la carga cognitiva de lo que estamos entrenando utilizando elementos del juego. Estímulos ante los que tendrá que reaccionar y dar una respuesta o descartar.

De esta manera conseguiríamos contextualizar las acciones, hasta el punto que lo consideremos necesario y atendiendo al nivel de los jugadores a los que vayamos a exponer las tareas. Controlando y adaptando las cargas cognitivas.

La teoría de la carga cognitiva explica que el aprendizaje de una tarea demanda el reclutamiento de recursos neuronales, tales como la atención y la memoria de trabajo. Si la tarea consume un nivel excesivo de estos recursos la información no se procesará en su totalidad, lo que generará una disminución del aprendizaje (Pass, Van Gog y Sweller, 2010; Shuggi, Oh, Shewokis y Gentili, 2017).

Hay que intentar como entrenadores que el entrenamiento sea un medio facilitador del aprendizaje.

Nuestro objetivo como entrenadores es ayudar a nuestros jugadores en su proceso de aprendizaje bien sea en formación, iniciando o en alto rendimiento, compitiendo. En hockey hierba, por mucho que intentemos que la competición sea lo más sana y educativa posible en su iniciación, en un partido compites con un rival para ganarle, porque es inherente al juego mismo. Los estímulos y las respuestas tienen que estar encaminados al aprendizaje del jugador y tienen que tener estrecha relación con lo que puede pasar en un partido para que el aprendizaje sea significativo, bien sea una situación en la que la respuesta siempre sea la misma (por ejemplo, pasar) y que la decisión sea cómo pasar (largo o corto) o bien una situación en la que haya muchas respuestas (contraataque) y muchas posibles decisiones dentro de esa respuesta (puede haber infinitas en la ejecución).

Para ello, la complejidad de la tarea irá estrechamente relacionada con la capacidad de aprendizaje y el desarrollo de las capacidades del jugador.

Las tareas más analíticas en el aprendizaje, para las mejoras de los gestos técnicos como tales, deben llevar una toma de decisión para su eficiencia, ya que aprender los gestos técnicos disociados de todas las variables del juego, preparan al jugador para tener destreza en un golpeo determinado, a una distancia determinada, aplicando la misma fuerza y sin ninguna toma de decisión y los jugadores están constantemente tomando decisiones en un partido por la realidad cambiante del juego. Por ejemplo, dos jugadores uno enfrente de otro pasando la bola a 15 metros de distancia, es una tarea o ejercicio que sólo le producirá al jugador una mejora del pase a esa distancia precisa y el aprendizaje carecerá de mejora cognitiva alguna. Mientras que ese pase, si el compañero está variando la distancia, variando la velocidad a la que se mueve, devolviéndole la bola a distintos lugares, moviéndose entre conos, cambiando de espacios,... o cualquier otra variable que haga que la repuesta sea siempre la misma (que consistirá en pasar), la decisión de la ejecución será distinta y el proceso de aprendizaje llevará una carga cognitiva mayor y esto repercute directamente en la mejora del jugador en cuanto a las respuestas en el juego.

Existen multitud de reglas de provocación para que las tareas y los entrenamientos tengan el resultado requerido o que en el entrenamiento pase lo que nosotros queramos que pase y podamos encontrar ese matrimonio tan ansiado entre objetivo y contenido.

Para conocer y manejar todas las posibilidades durante un entrenamiento y que podamos alcanzar lo que buscamos en el entrenamiento propongo tres tipos de condicionantes:

- Condicionantes humanos.
- Condicionantes espacio-temporales.
- Condicionantes reglados.

Atendiendo a estos condicionantes siempre podremos conseguir que nuestras tareas consigan reproducir las situaciones que queremos que el jugador vivencie y tengan transferencia al juego.

Los condicionantes espaciotemporales, humanos y reglados de las tareas tendrán estrecha relación con el juego, no puede ser un condicionante para el jugador una línea que marque la trayectoria de la bola para que un pase llegue a un compañero, el condicionante debe tener relación con el juego, por ejemplo, poner un rival entre el jugador que recibe y el jugador que pasa.

Al aplicar el concepto de neurociencia al hockey hierba no buscamos que los jugadores sean mas rápidos, que lo serán en las decisiones que tomen y en el tiempo que tarden en tomarlas, lo que buscamos es que el proceso o mecanismo de decisión que desarrollen les haga capaces de decidir bien en tiempo y forma con respecto a la situación que tengan que resolver y el rival al que se enfrentan en base a su percepción, conocimiento y experiencia.

Consiste en aplicar las teorías del aprendizaje y de como aprende el jugador a la práctica del entrenamiento para su mejora y su evolución.

No se entiende por qué después de tantas teorías y estudios, sobre todo de especialistas en el área física y de la enseñanza, se siguen promoviendo tareas en las que se les hace llegar al jugador de hockey estímulos que nada tienen que ver con el juego y generarle contextos para que resuelva situaciones que alejan al jugador de la realidad competitiva a la que se va a enfrentar... Y si, además, la respuesta es golpear una pelota de otro tamaño, dejar el stick en el suelo, derribar un tubo, tocar un cono o solo tiene una posible decisión/ejecución... ¿dónde está la mejora de la toma de decisión en el proceso de aprendizaje del hockey hierba cuando nada tiene que ver con el juego? Entendiendo la toma de decisión como la respuesta a un estímulo que identifique.

Se puede llegar a entender este tipo de tareas dentro de un intento de usarlas en la iniciación deportiva o con una intención lúdica pero no se comparten para la especificidad del hockey hierba.

El Doctor Robin Jackson, profesor de la Brunel University realizó un escáner a un grupo de futbolistas profesionales y los sometió a una prueba denominada: test de oclusión corporal. Llevó a cabo el test para averiguar cómo los jugadores anticipan las acciones de sus adversarios. El sistema de neuronas espejo era el origen de la capacidad de anticipación. La capacidad de adaptación más rápida es entrenable como cualquier otra habilidad o capacidad.

La propuesta, atendiendo a lo anteriormente expuesto y buscando que los entrenamientos sean más productivos en las diferentes etapas de formación, es una aplicación practica de la neurociencia (algo científico) al entrenamiento (algo práctico) para la mejora en el juego de nuestros jugadores en la etapa en la que se encuentren, basada en la interpretación que podemos hacer los entrenadores de la base científica que aportan los estudios del cerebro durante el aprendizaje de los deportes, en este caso del hockey hierba.

En las tareas que vamos a desarrollar para una mejora del aprendizaje aplicando los beneficios de la neurociencia, los indicadores y estímulos serán propios del hockey hierba para que haya una mayor transferencia del trabajo. Hay una tendencia educativa muy fuerte afianzada en estos conceptos y cada día se ve más reflejada en la enseñanza de los deportes, pero que mal entendida puede llevar a errores y a no conseguir los resultados pretendidos. El objetivo es que el entrenamiento de nuestro cerebro esté relacionado con el hockey hierba y que las destrezas o avances que se consigan tengan repercusión directa en durante el juego (de los jugadores).

Estas tareas carecen de un contexto y el lector (entrenador) tendrá que condicionarlas en espacios y tiempos para conseguir el resultado requerido atendiendo a otros objetivos (sean secundarios o no) que se quiera alcanzar con la tarea: físicos, tácticos, de estrategia operativa... además de introducirlas en la parte que considere oportuno para llevarlas a cabo.

Hay que tener en cuenta que en el desarrollo del aprendizaje existen distintas etapas (debido a la evolución de los jugadores) y que los entrenadores tendremos que tomar como referencia la capacidad cognitiva de los mismos para poder elegir o adaptar las tareas que vamos a utilizar.

Aunque las tareas tengan un objetivo técnico o táctico, "no será lo importante". La finalidad de estas es que haya un entrenamiento de nuestro cerebro para que la decisión ante estímulos o adversidades nos de una respuesta efectiva (motriz), regulada por las emociones y que los jugadores sepan enfocarse en lo importante con una lectura o interpretación que los lleve a decidir sin reflexión, sobre la marcha, de manera intuitiva y se produzca un aprendizaje.

SIMBOLOGÍA

Jugadores Equipo A	
Jugadores Equipo B	
Portero	
Desplazamiento	
Trayectoria disco/puc	
Tiro	
Disco/ Puck	

NEUROCIENCIA APLICADA AL HOCKEY HIERBA

50

TAREAS PARA SU APRENDIZAJE - ENSEÑANZA

Tarea N° 1	Objetivo	Mejora del pase
	Jugadores	2

Explicación

Los jugadores se pasan la bola por parejas y hacia la derecha o la izquierda del cono o la silueta atendiendo a donde se "desmarque" el compañero.

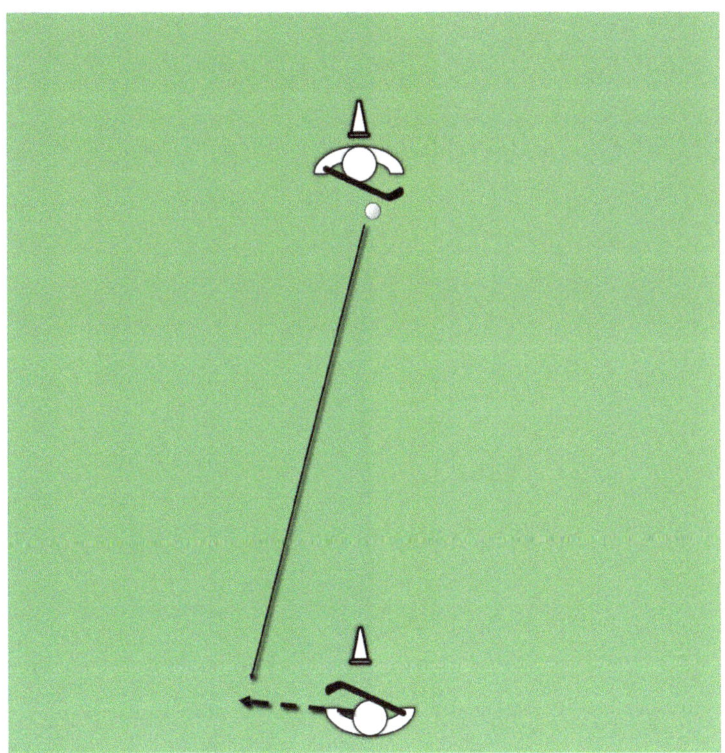

Tarea Nº 2	Objetivo	Mejora del pase
	Jugadores	2

Explicación

Los jugadores se pasan la bola por parejas en corto o en largo, partiendo del cono o la silueta atendiendo a donde se "desmarque" el compañero que va a recibir.

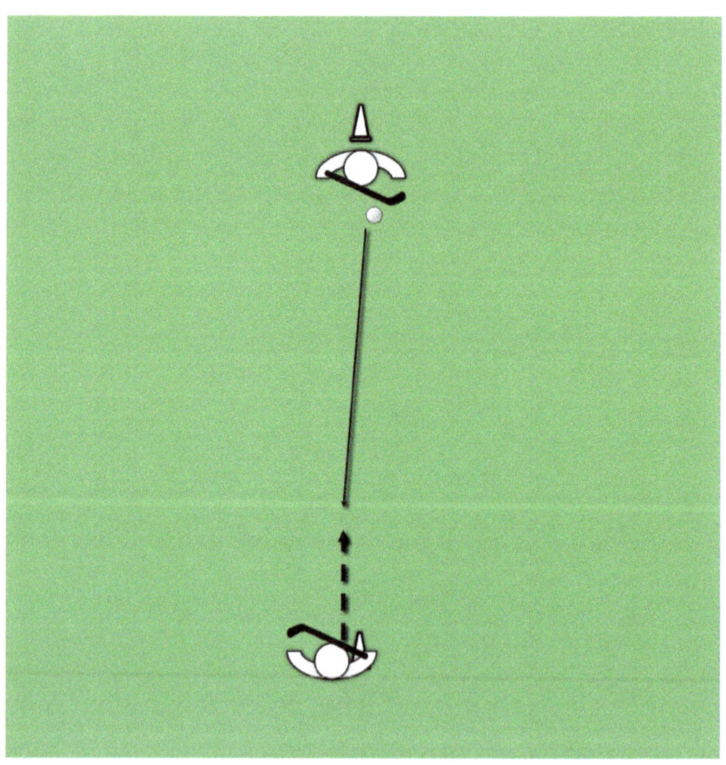

Tarea Nº 3	Objetivo	Mejora del pase
	Jugadores	2

Explicación

Los jugadores se dirigen al cono del centro y el que no tiene bola se dirigirá hacia un lado (derecha o izquierda) cuando llegue y el otro le pasará la bola a donde se dirija.

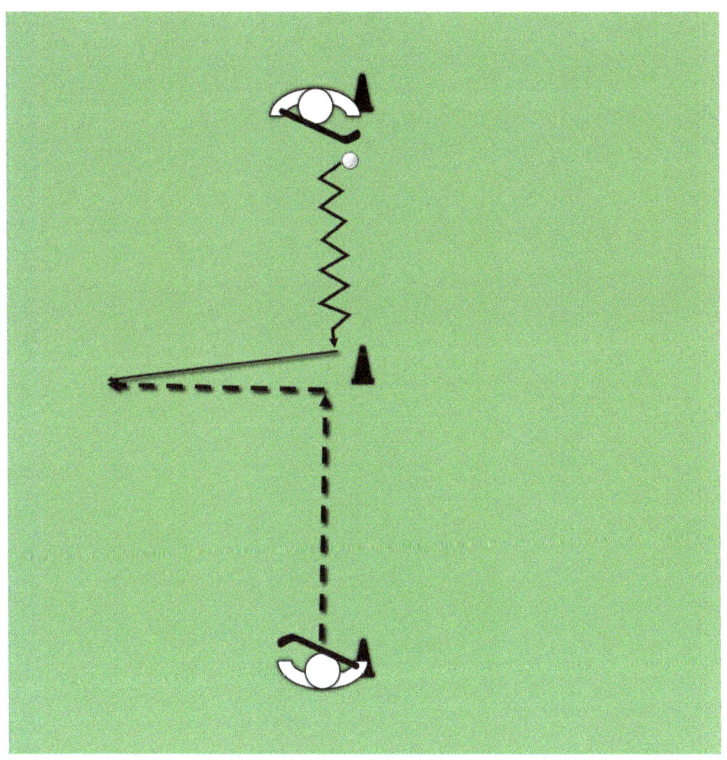

Tarea Nº 4	Objetivo	Mejora del pase
	Jugadores	2

Explicación

Los jugadores se dirigen al cono del centro y el que no tiene bola se dirigirá hacia un lugar cuando llegue y el otro le pasará la bola a donde se dirija.

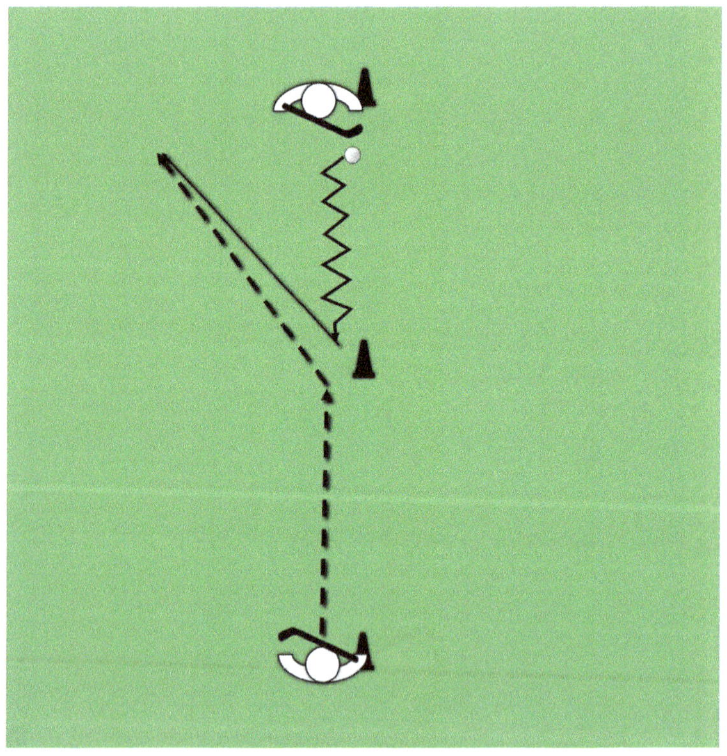

Tarea Nº 5	Objetivo	Mejora del pase
	Jugadores	5

Explicación

Un jugador en el cuadrado y los otros cuatro tras los conos o siluetas menos uno que "se desmarca", recibe del que está en el cuadrado, le devuelve la bola y vuelve a su lugar, se desmarca otro y el del centro pasa siempre al desmarcado (que no sabrá cual es e irá variando de manera aleatoria).

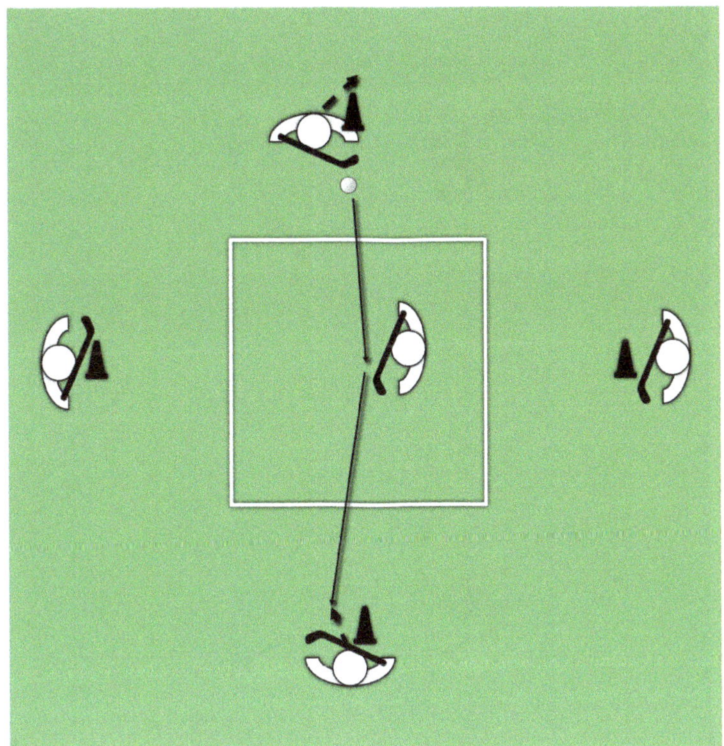

Tarea Nº 6	Objetivo	Mejora del pase
	Jugadores	7

Explicación

Un jugador en el cuadrado y los compañeros fuera estarán en cada lado todos marcados menos uno. Cuando reciba tendrá que volverse y pasar al compañero que esté libre de marca, que le devolverá la bola para que se de la vuelta y pase al compañero que esté libre. Los jugadores libres de marca irán variando de manera aleatoria.

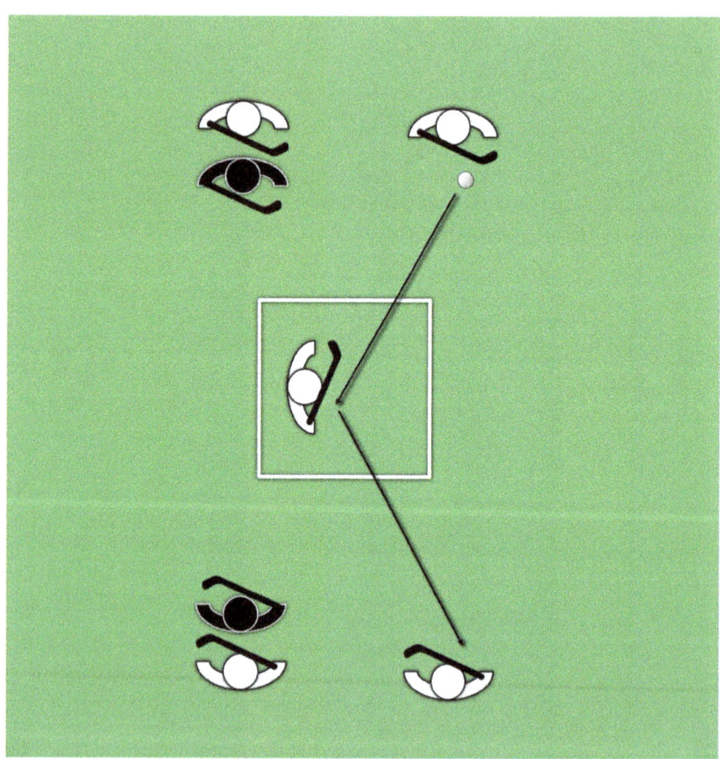

Tarea N° 7	Objetivo	Mejora del pase
	Jugadores	11

Explicación

Un jugador en el cuadrado y los compañeros fuera estarán en cada lado todos marcados menos uno. Cuando reciba tendrá que volverse y pasar al compañero que esté libre de marca, que le devolverá la bola para que se de la vuelta y pase al compañero que esté libre. Los jugadores libres de marca irán variando de manera aleatoria.

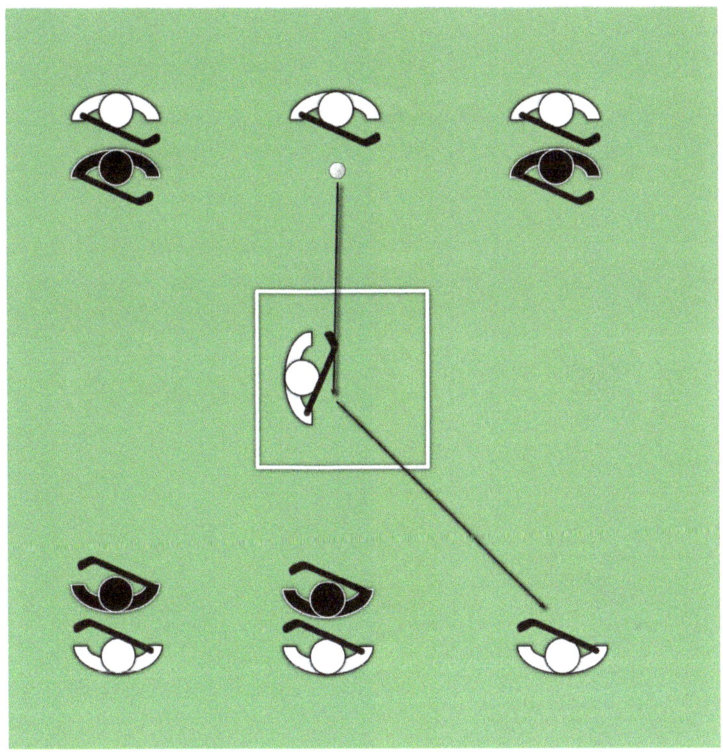

Tarea Nº 8	Objetivo	Mejora del pase
	Jugadores	15

Explicación

Un jugador en el cuadrado y los compañeros fuera estarán marcados menos dos (el que le pasó la bola y otro). Cuando reciba tendrá que pasar al compañero que esté libre de marca, que le devolverá la bola para que pase al nuevo compañero que esté libre. Los jugadores libres de marca irán variando de manera aleatoria.

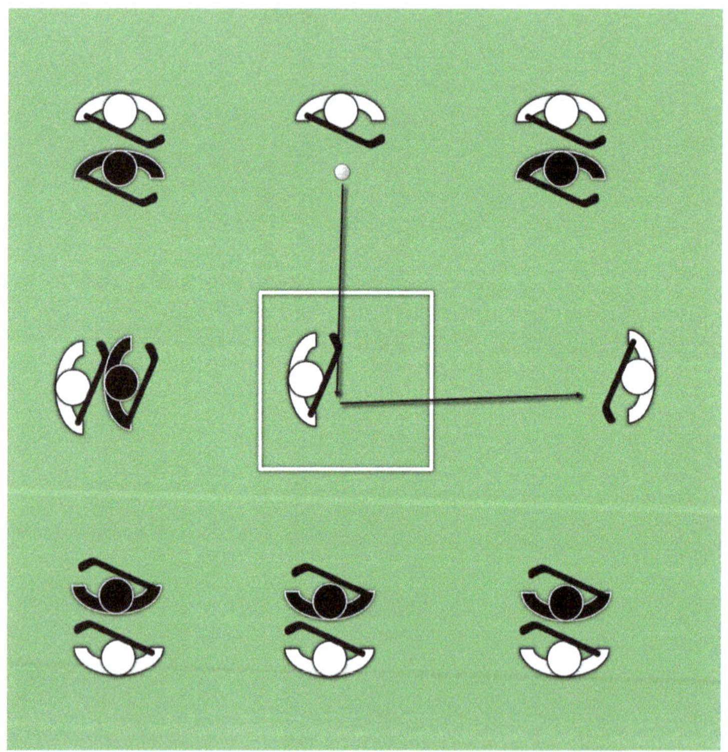

Tarea Nº 9	Objetivo	Mejora del pase
	Jugadores	9

Explicación

Un jugador en el cuadrado y los compañeros fuera estarán marcados menos uno en cada lado (el que le pasó la bola y otro) que estarán desmarcados. Cuando reciba tendrá que pasar al compañero que esté libre de marca, que le devolverá la bola para que pase al nuevo compañero que esté libre. Los jugadores libres de marca y el lugar hacia donde se desmarquen irán variando de manera aleatoria.

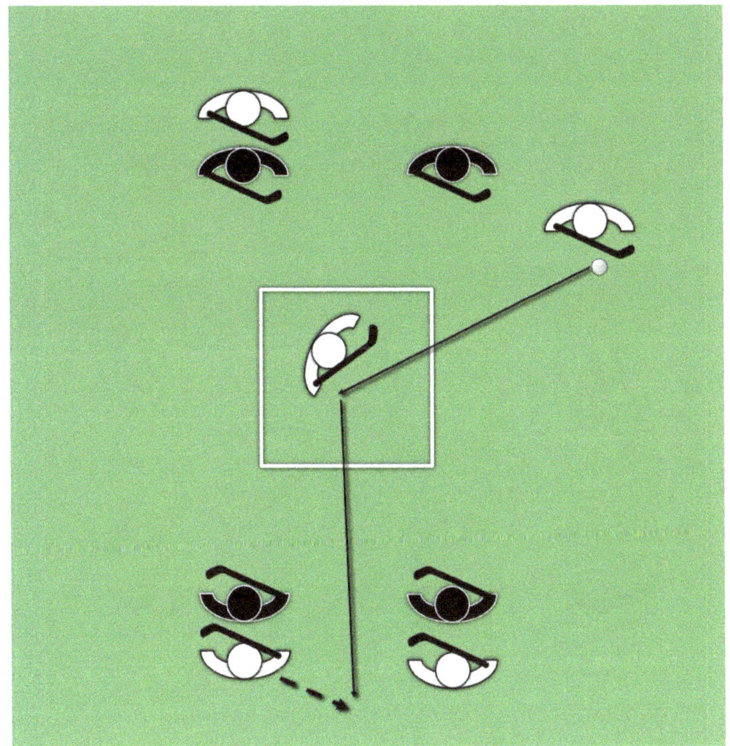

Tarea Nº 10	Objetivo	Mejora del pase
	Jugadores	15

Explicación

Un jugador en el cuadrado y los compañeros fuera estarán marcados menos dos (el que le pasó la bola y otro) que estarán desmarcados. Cuando reciba tendrá que pasar al compañero que esté libre de marca, que le devolverá la bola para que pase al nuevo compañero que esté libre. Los jugadores libres de marca y el lugar hacia donde se desmarquen irán variando de manera aleatoria.

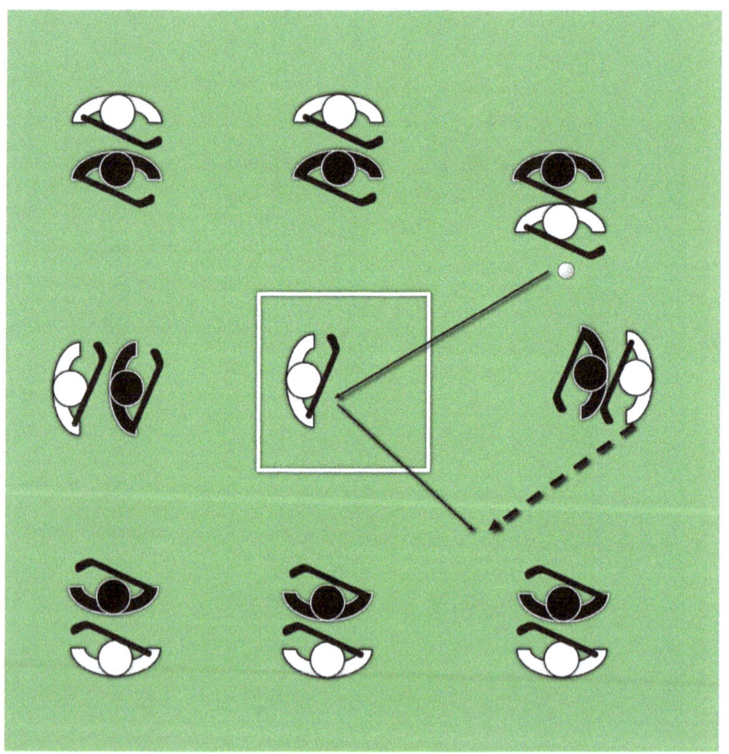

Tarea Nº 11	Objetivo	Mejora del pase
	Jugadores	15

Explicación

Un jugador en el cuadrado y los compañeros fuera estarán fuera moviéndose con marcas individuales e intentando desmarcarse. El jugador del centro pasará al jugador que consiga desmarcarse, si recibe cambiaran los roles. Los rivales sólo podrán interceptar o anticipar los pases.

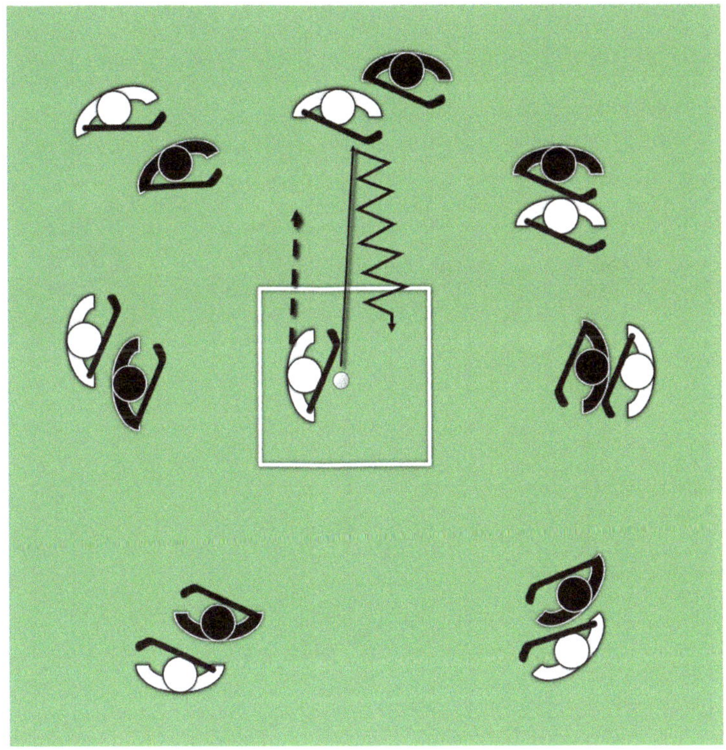

Tarea Nº 12	Objetivo	Mejora del pase
	Jugadores	9

Explicación

Un jugador en el cuadrado y los otros jugadores colocados en la disposición de la imagen. Cuando pasan la bola al jugador del cuadrado un jugador se desmarca (en corto o en largo) y tiene que pasarle la bola el jugador del cuadrado, le devuelve la bola, vuelve a su sitio y se desmarca otro jugador. Los jugadores irán alternando quién se desmarca y hacia donde.

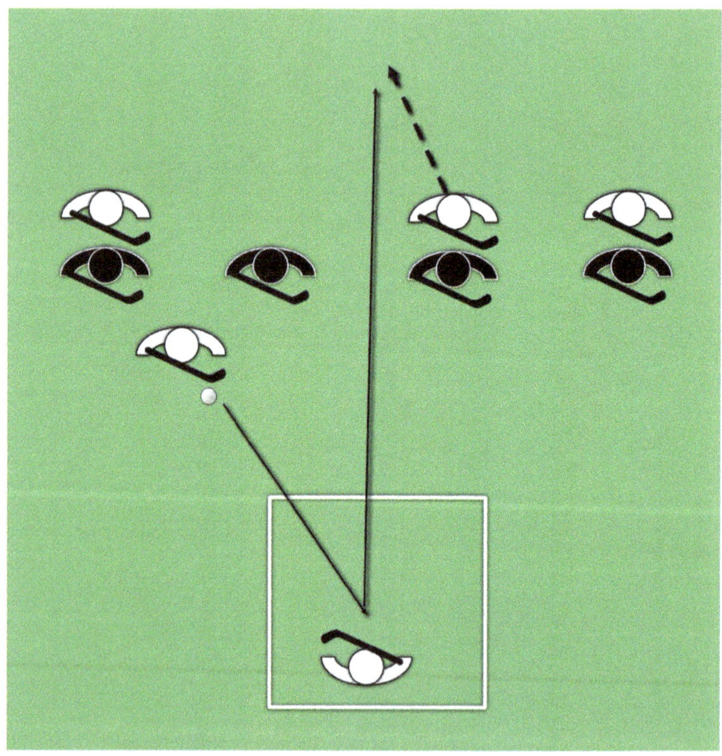

Tarea Nº 13	Objetivo	Mejora del pase
	Jugadores	10

Explicación

Un jugador en el cuadrado y los otros jugadores colocados en la disposición de la imagen. Cuando pasan la bola al jugador del cuadrado un jugador se desmarca y tiene que pasarle la bola el jugador del cuadrado, recibe, pasa la bola al jugador del cuadrado, vuelve a su sitio y se desmarca otro jugador. Los jugadores irán alternando quién se desmarca y hacia donde. Cuando el jugador recibe en el cuadrado el jugador del vértice irá a presionar para que no pueda pasar.

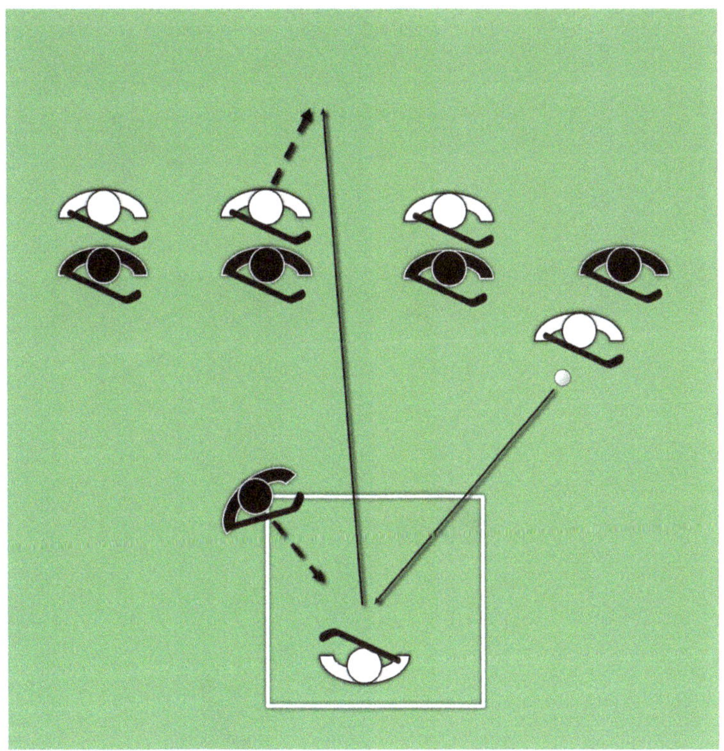

Tarea Nº 14	Objetivo	Mejora del pase
	Jugadores	10

Explicación

Un jugador en el cuadrado y los otros jugadores colocados en la disposición de la imagen. Cuando pasan la bola al jugador del cuadrado un jugador se desmarca y tiene que pasarle la bola el jugador del cuadrado, recibe, pasa la bola al jugador del cuadrado, vuelve a su sitio y se desmarca otro jugador. Los jugadores irán alternando quién se desmarca y hacia donde. Cuando el jugador recibe en el cuadrado uno de los jugadores de los vértices (de manera aleatoria) irá a presionar para que no pueda pasar.

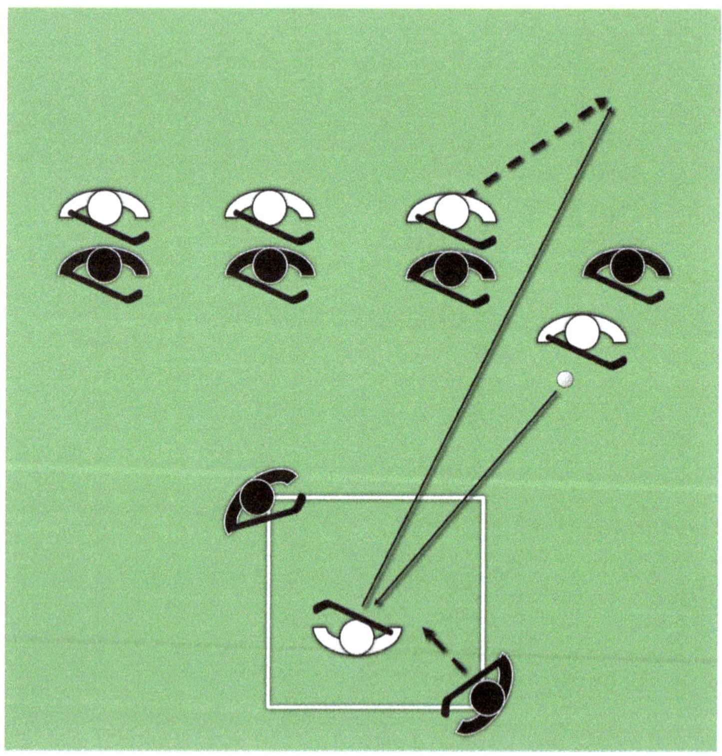

Tarea Nº 15	Objetivo	Mejora del pase
	Jugadores	9

Explicación

Un jugador en el cuadrado con la bola y los otros jugadores colocados en la disposición de la imagen. Cuando un jugador del equipo contrario va a presionarle deja libre a un compañero que se desmarca y tiene que pasarle la bola el jugador del cuadrado, recibe, se la devuelve y va a presionarle otro rival dejando a otro compañero libre para poder pasarle la bola.

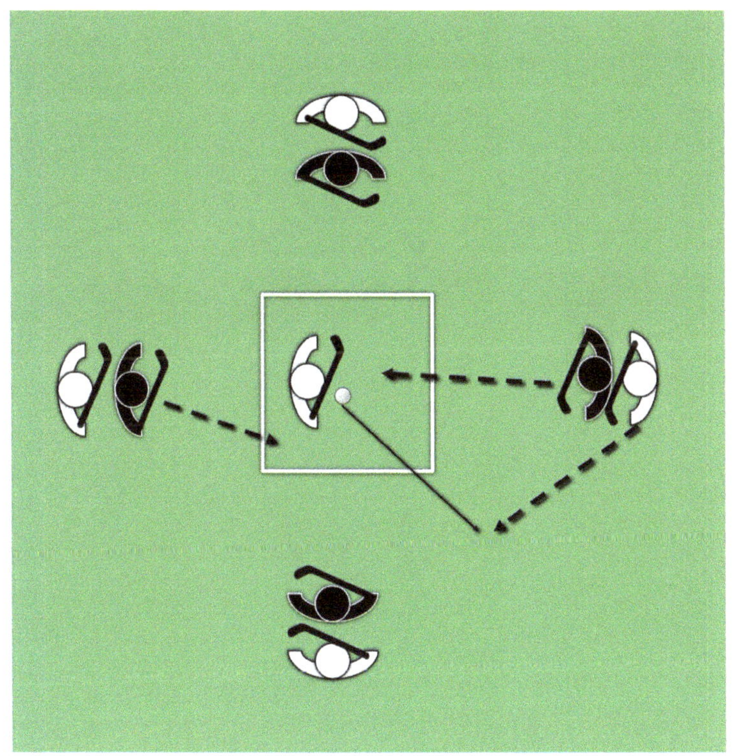

Tarea Nº 16	Objetivo	Mejora del pase
	Jugadores	9

Explicación

Un jugador en el cuadrado con la bola y los otros jugadores colocados en la disposición de la imagen. Cuando un jugador del equipo contrario va a presionarle deja libre a un compañero que se desmarca y tiene que pasarle la bola el jugador del cuadrado, recibe, se la devuelve y va a presionarle otro rival dejando a otro compañero libre para poder pasarle la bola.

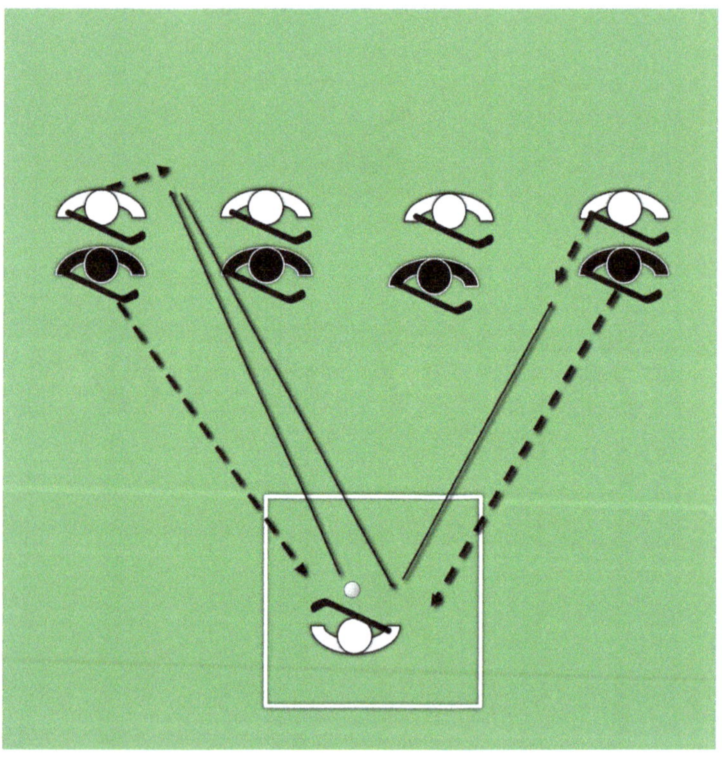

Tarea Nº 17	**Objetivo**	Mejora del pase
	Jugadores	3

Explicación

Los jugadores situados como en la imagen. Los jugadores del equipo blanco pasarán la bola entre ellos y en el centro un jugador del equipo negro intentará interceptar el pase pudiendo moverse de manera lateral en el pasillo.

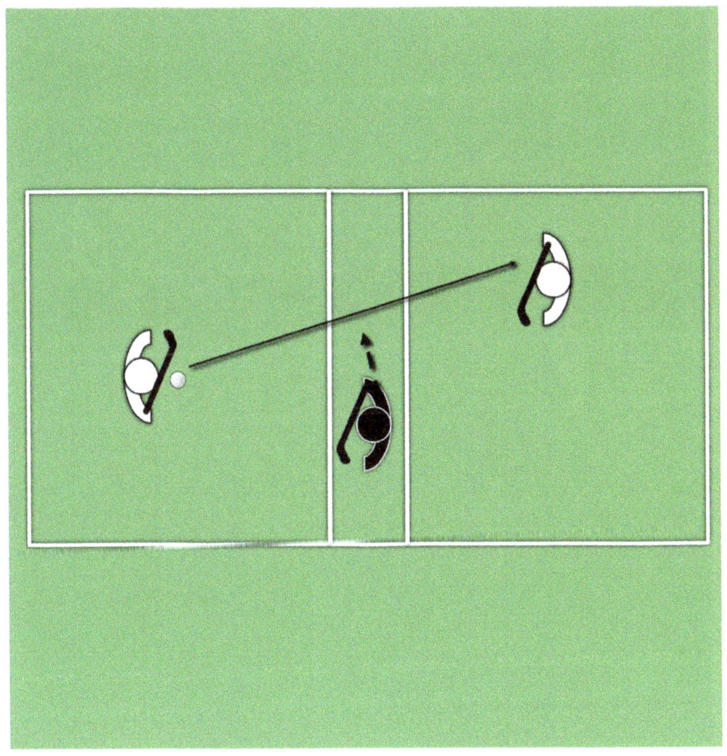

Tarea Nº 18	Objetivo	Mejora del pase
	Jugadores	4

Explicación

Los jugadores situados como en la imagen se pasarán la bola entre ellos (blancos), en el centro un jugador intentará interceptar el pase pudiendo moverse de manera lateral en el pasillo y otro presionará cuando reciban. El jugador que presiona en un cuadrado, intercepta desde el centro cuando la bola esté en el otro.

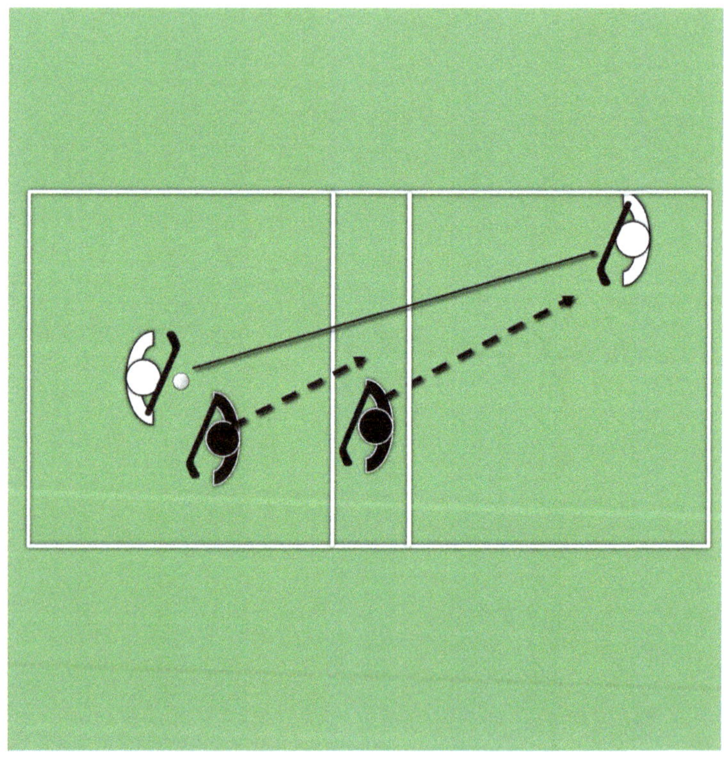

Tarea Nº 19	Objetivo	Mejora del pase
	Jugadores	5

Explicación

Los jugadores situados como en la imagen se pasarán la bola entre ellos, en el centro un jugador intentará interceptar el pase pudiendo moverse de manera lateral en el pasillo y otro entrará a presionar cuando reciban, cuando no esté la bola en el cuadrado estarán fuera del mismo.

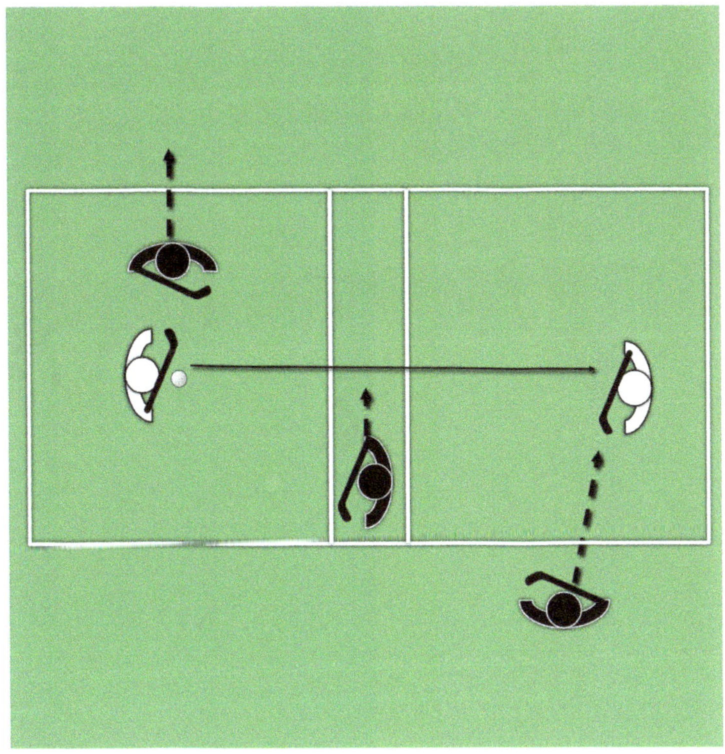

Tarea Nº 20	Objetivo	Mejora del pase
	Jugadores	5

Explicación

Los jugadores situados como en la imagen se pasarán la bola entre ellos, en el centro un jugador intentará interceptar el pase pudiendo moverse de manera lateral en el pasillo y otro entrará a presionar desde atrás cuando reciban, cuando no esté la bola en el cuadrado estarán fuera del mismo.

Tarea Nº 21	Objetivo	Mejora del pase
	Jugadores	9

Explicación

Los jugadores situados como en la imagen se pasarán la bola entre ellos, en el centro un jugador intentará impedir el pase pudiendo moverse de manera lateral en el pasillo y los otros tres que están alrededor de cada uno de ellos, intentarán anticipar los pases no pudiendo entrar a presionar.

Tarea Nº 22	**Objetivo**	Mejora del pase
	Jugadores	7

Explicación

Los jugadores situados como en la imagen se pasarán la bola entre ellos, desde el centro un jugador entrará a presionar, cuando lo haga pasarán al jugador libre de la otra zona para seguir manteniendo la bola, esperando atraer a un rival para pasar a un compañero libre en la otra mitad.

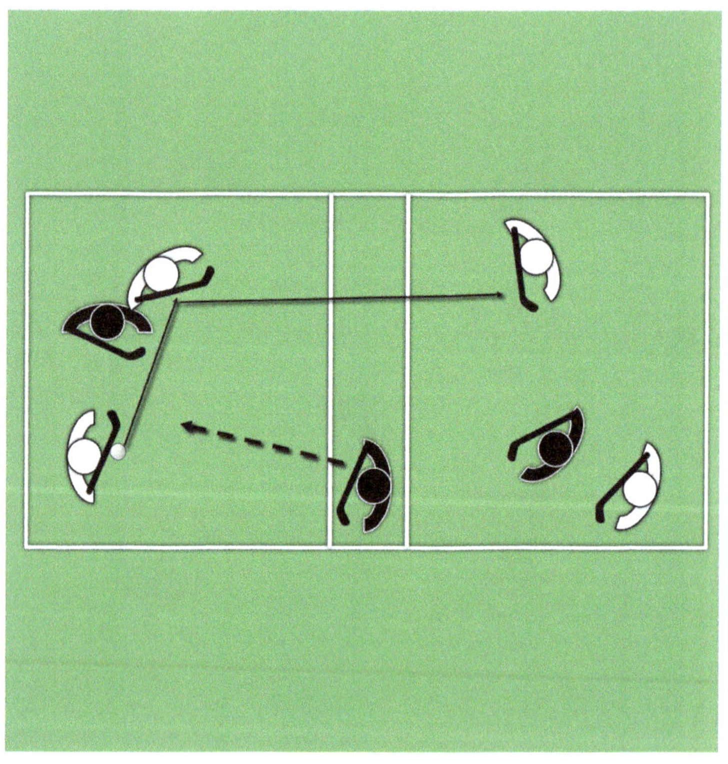

Tarea Nº 23	Objetivo	Mejora del pase
	Jugadores	6

Explicación

Los jugadores situados como en la imagen se pasarán la bola entre ellos, en el centro los jugadores irán a presionar pero sólo pueden hacerlo a una de las zonas. Los jugadores la bola cuando atraigan al rival pasarán al otro cuadrado la bola para no perderla.

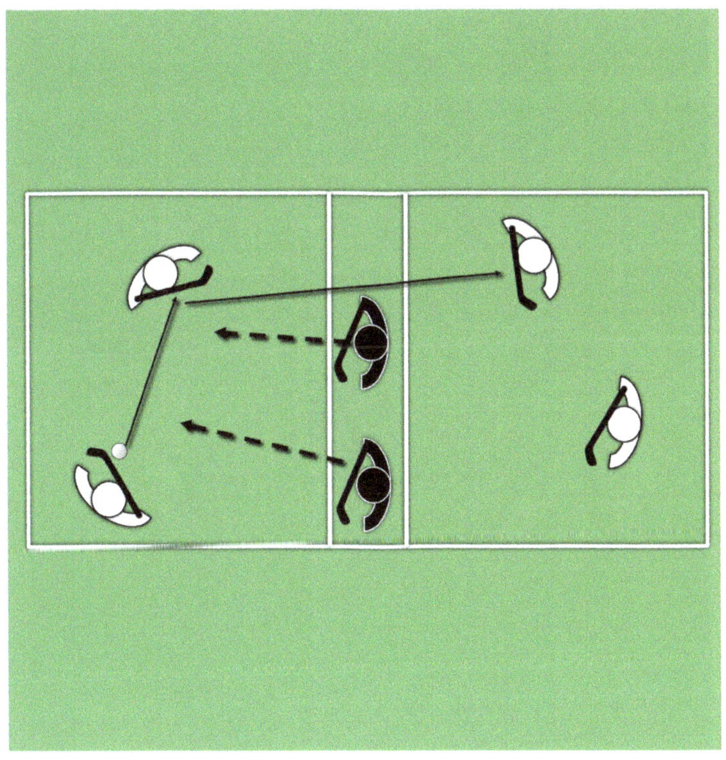

Tarea N° 24	Objetivo	Mejora del pase
	Jugadores	7

Explicación

Los jugadores situados como en la imagen. Los jugadores del equipo blanco se pasarán la bola entre ellos, Los jugadores del equipo negro cada uno en un pasillo intentarán interceptar el pase pudiendo moverse de manera lateral en su pasillo.

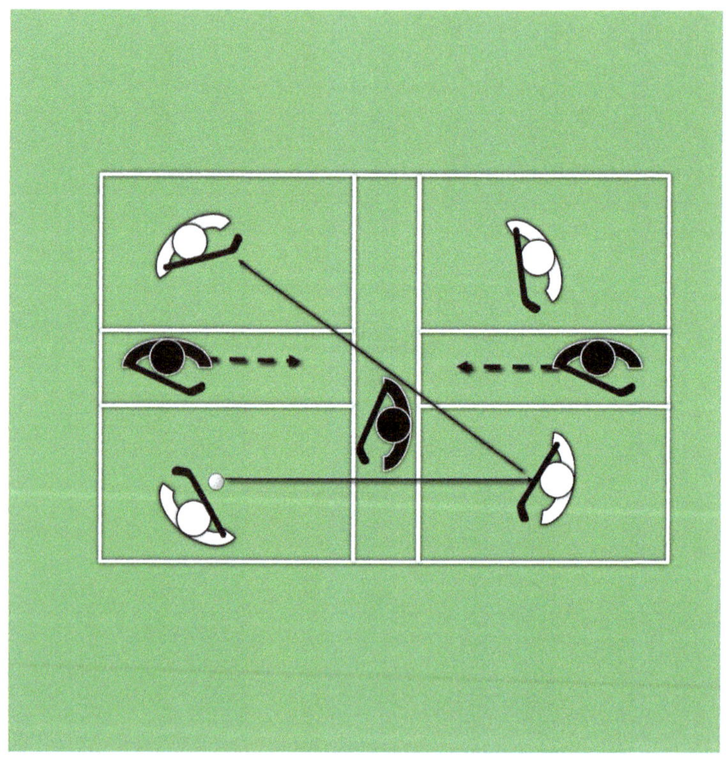

Tarea Nº 25	Objetivo	Mejora del pase
	Jugadores	7

Explicación

Los jugadores distribuidos como en la imagen. Los jugadores blancos se pasan la bola, teniendo un jugador libre en un cuadrado. El jugador que tiene la bola (blanco), recibirá la presión de un jugador, dejando libre a un compañero en un cuadrado para poder pasarle la bola.

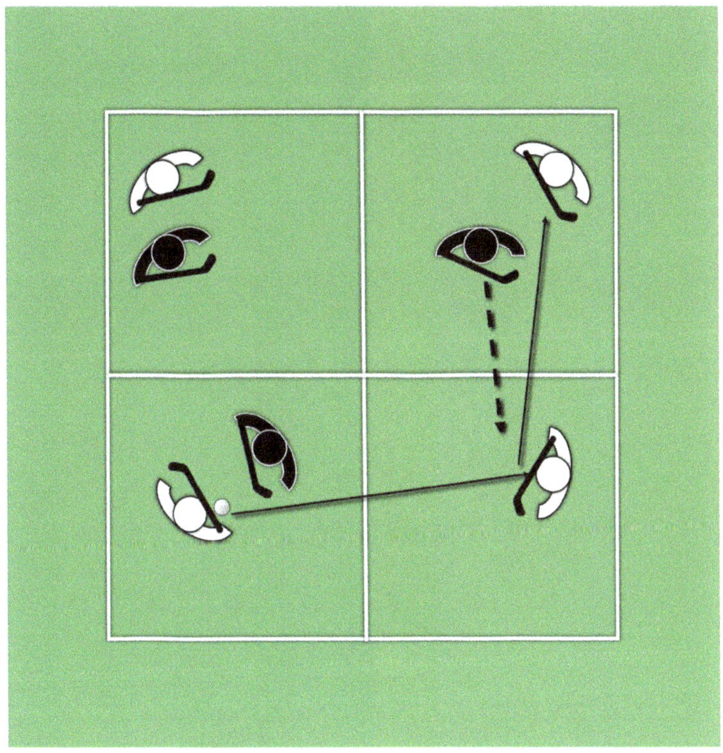

Tarea Nº 26	Objetivo	Mejora de la conducción
	Jugadores	2

Explicación

Los jugadores se dirigen al cono del centro y el jugador con la bola tendrá que ir al lado contrario del que vaya el jugador sin bola.

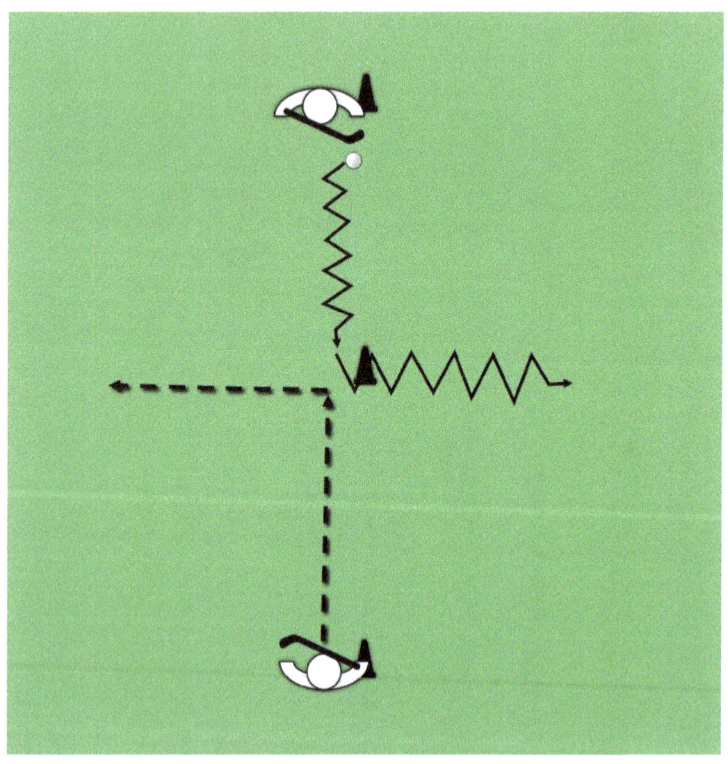

Tarea Nº 27	Objetivo	Mejora de la conducción
	Jugadores	2

Explicación

Los jugadores se dirigen al cono del centro y el jugador con la bola tendrá que ir al lado contrario del que vaya el jugador sin bola.

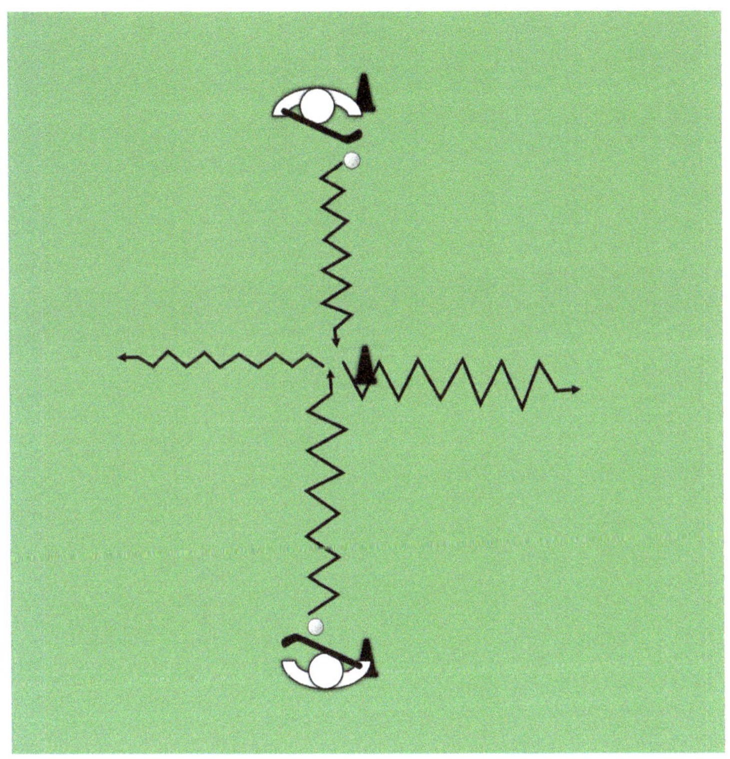

Tarea Nº 28	Objetivo	Mejora de la conducción
	Jugadores	4

Explicación

Un jugador en el cuadrado y los otros tres jugadores situados como en la imagen. Los jugadores intentarán atravesar de uno en uno el cuadrado de lado a lado y el jugador de dentro tendrá que intentar anticipar la conducción para que no puedan atravesar.

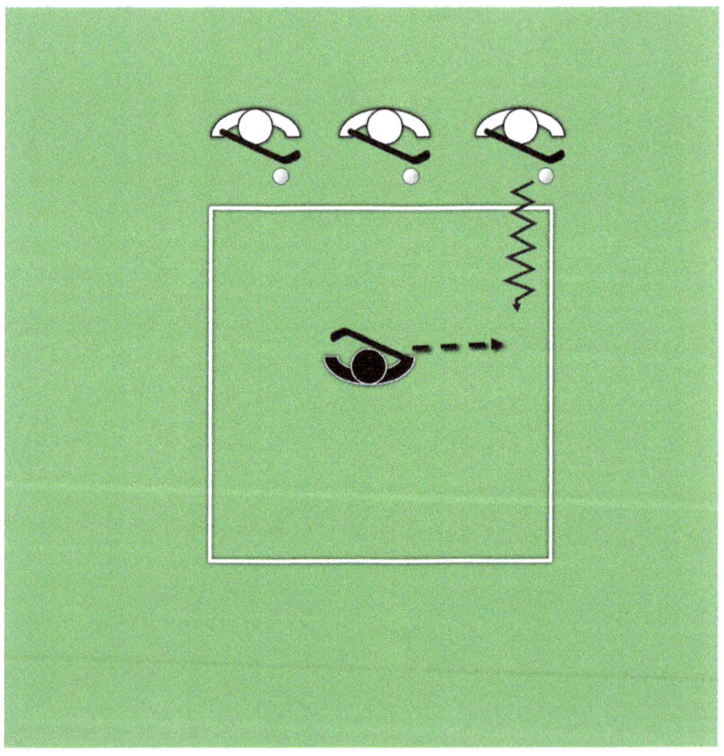

Tarea Nº 29	Objetivo	Mejora de la conducción
	Jugadores	3

Explicación

Los jugadores distribuidos como en la imagen. Uno de los que tiene bola pasará de manera aleatoria al que está dentro del cuadrado y entrará a presionar para que no pueda sacar la bola del cuadrado conduciendo por uno de los laterales.

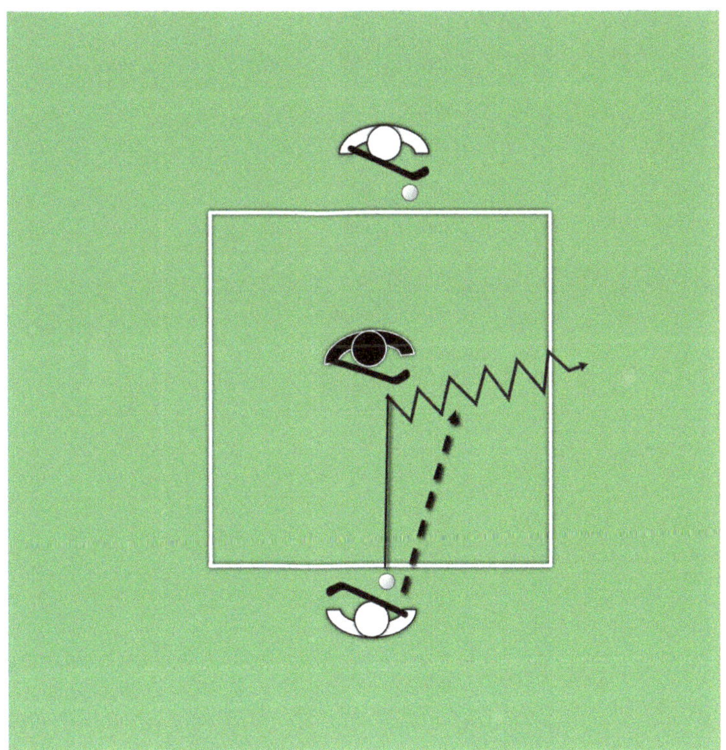

Tarea N° 30	**Objetivo**	Mejora de la conducción
	Jugadores	4

Explicación

Los jugadores distribuidos como en la imagen. Uno de los que tiene bola pasará de manera aleatoria al que está dentro del cuadrado y entrará a presionar el control para que no pueda sacar la bola del cuadrado por el lado que no hay ningún jugador. El lado "libre" irá cambiando en cada acción.

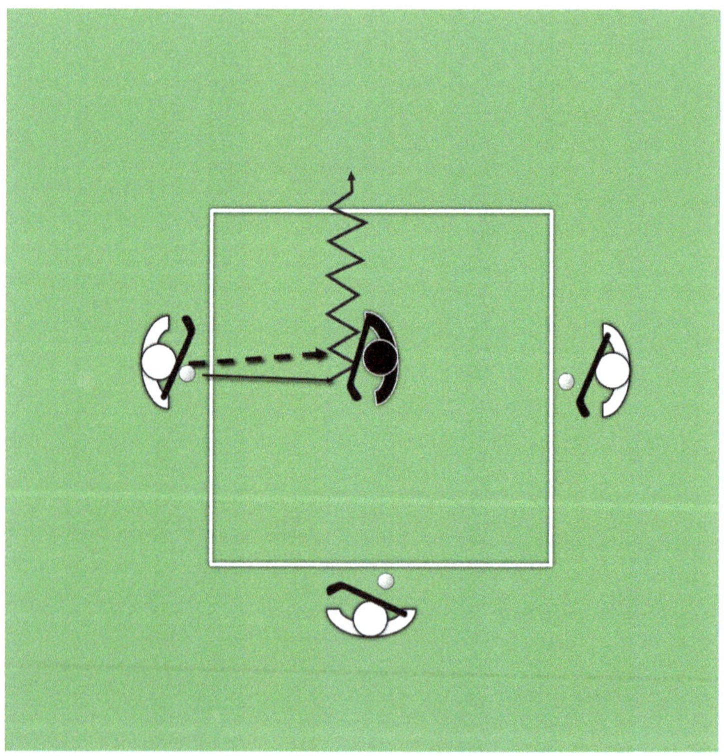

Tarea Nº 31	Objetivo	Mejora de la conducción
	Jugadores	5

Explicación

Los jugadores distribuidos como en la imagen. Uno de los que tiene bola pasará de manera aleatoria al que está dentro del cuadrado y entrará a presionar para que no pueda sacar la bola del cuadrado conduciendo.

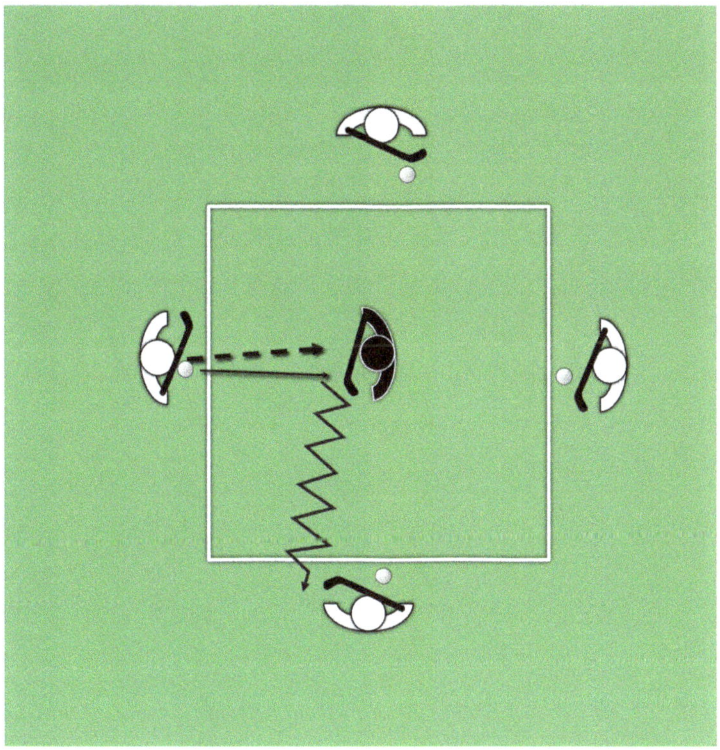

Tarea N° 32	Objetivo	Mejora de la conducción
	Jugadores	5

Explicación

Los jugadores distribuidos como en la imagen. El jugador que tiene la bola pasará al jugador que está dentro del cuadrado y entrarán dos jugadores de manera aleatoria a presionar para que no pueda sacar la bola del cuadrado conduciendo.

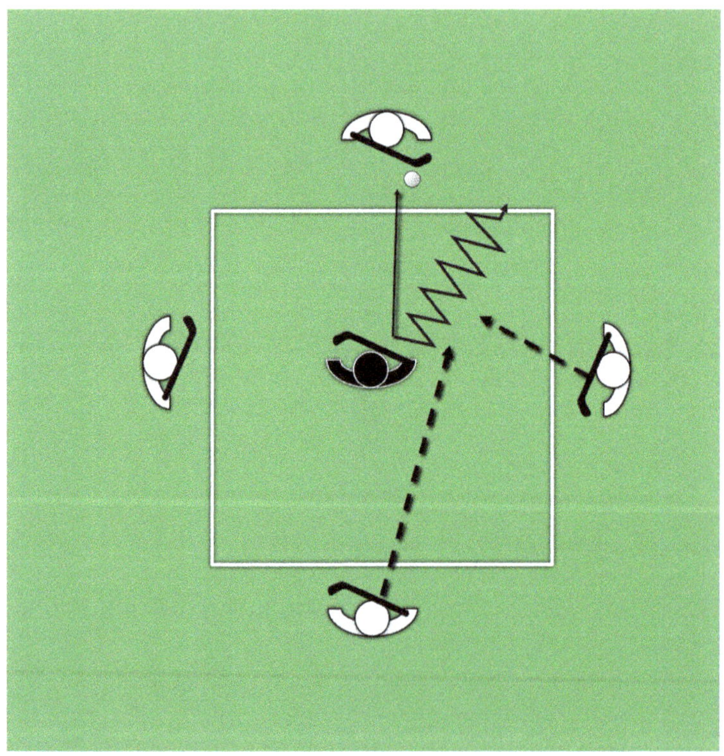

Tarea Nº 33	Objetivo	Mejora de la conducción
	Jugadores	5

Explicación

Los jugadores distribuidos como en la imagen. El jugador que tiene la bola pasará al jugador que está dentro del cuadrado y entrarán uno o dos jugadores de manera aleatoria a presionar para que no pueda sacar la bola del cuadrado conduciendo.

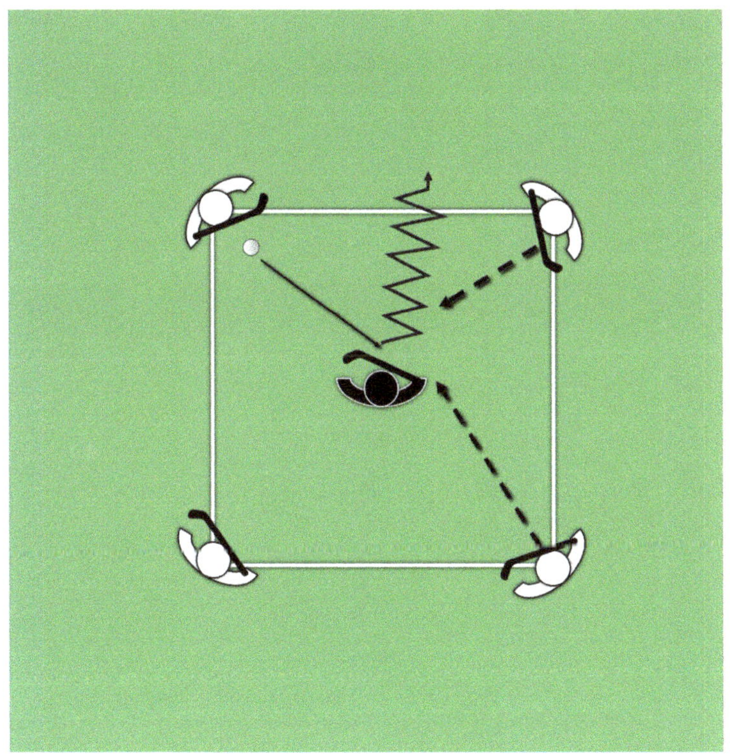

Tarea Nº 34	Objetivo	Mejora de la conducción
	Jugadores	4

Explicación

Los jugadores distribuidos como en la imagen. Uno de los jugadores del equipo blanco pasará al jugador del equipo negro que tendrá que llevar la bola al pasillo desde el que no le presionen. En cada ocasión le presionarán de manera aleatoria en un pasillo u otro. Los jugadores del equipo blanco no podrán abandonar su pasillo.

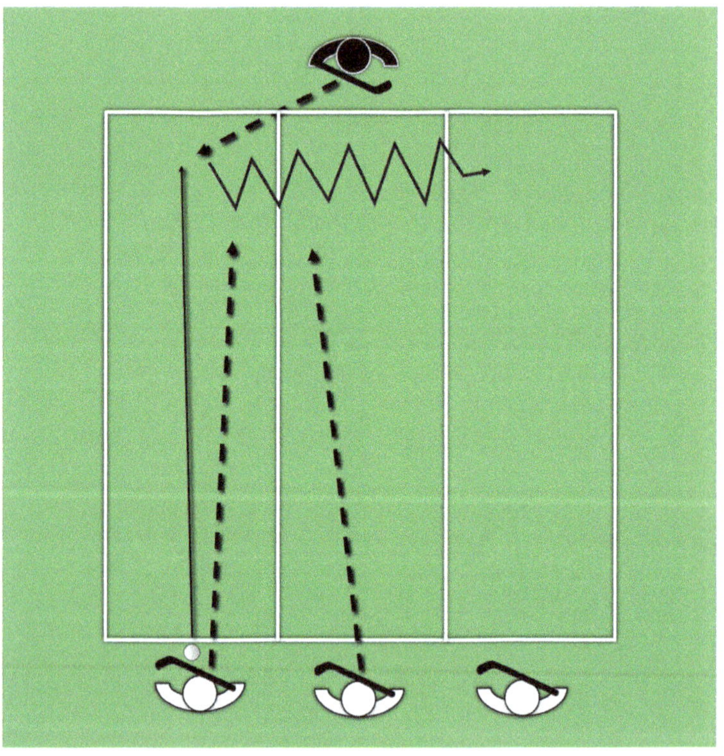

Tarea Nº 35	Objetivo	Mejora de la conducción
	Jugadores	5

Explicación

Los jugadores distribuidos como en la imagen. El jugador con la bola pasará al compañero del centro para que lleve la bola a la zona que no tiene rivales con la presión de los tres jugadores del equipo negro que saldrán de manera aleatoria cada vez desde un vértice.

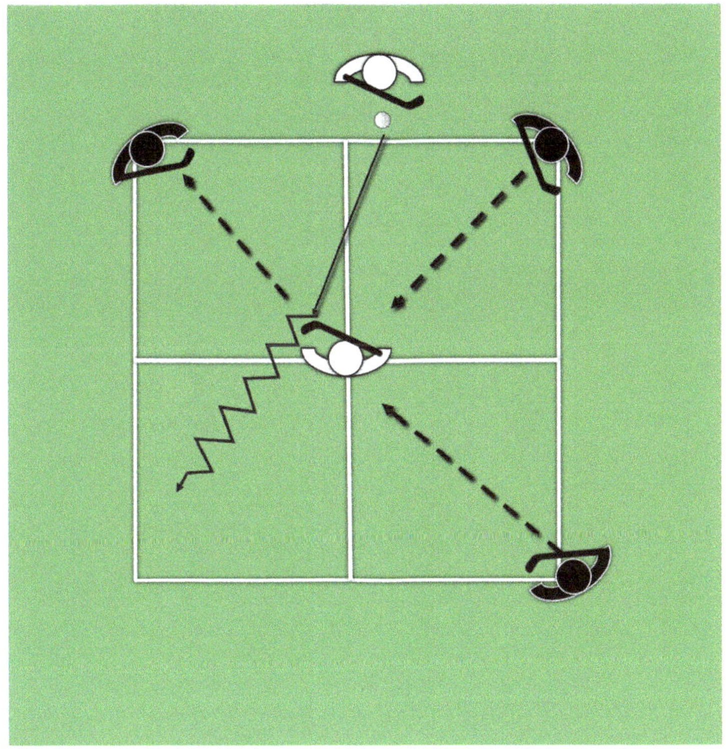

Tarea Nº 36	Objetivo	Mejora de la conducción y del tiro
	Jugadores	3

Explicación

Los jugadores se pasan la bola y cuando el jugador del equipo negro decida salir de su cuadrado conduciendo para tirar el otro irá a presionar para evitar que se acerque a portería y pueda tirar.

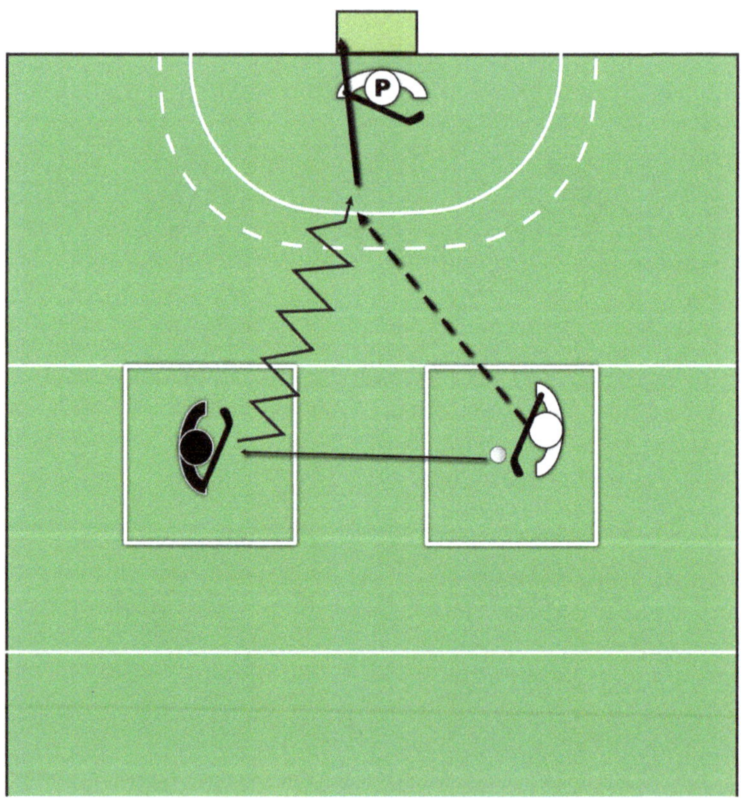

Tarea Nº 37	Objetivo	Mejora de la conducción y del tiro
	Jugadores	4

Explicación

Los jugadores se pasan la bola y cuando el jugador del equipo negro decida salir de su cuadrado conduciendo para tirar el otro irá a presionar para evitar que se acerque a portería.

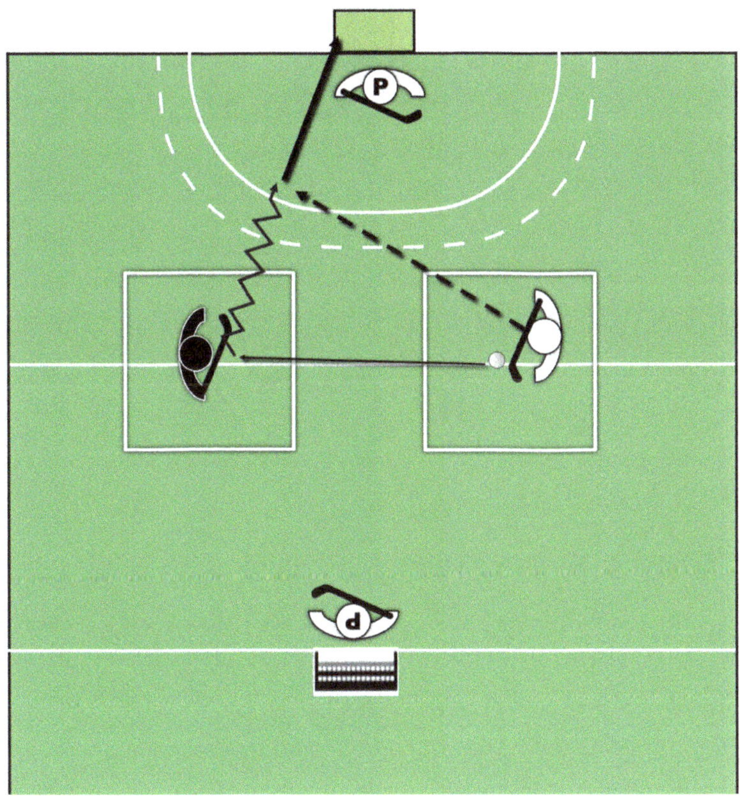

Tarea Nº 38	Objetivo	Mejora de la conducción y del tiro
	Jugadores	2

Explicación

Dos jugadores se pasan la bola y cuando uno decide sacar la bola conduciendo del cuadrado para tirar a portería el otro va a presionarle para intentar evitar que se acerque a la portería y obstaculizar el tiro.

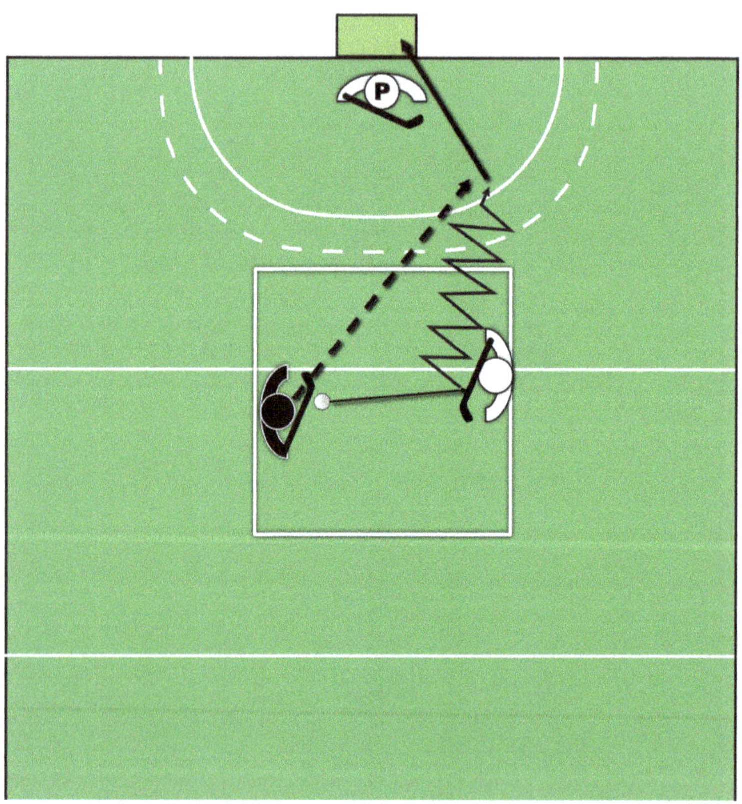

Tarea Nº 39	Objetivo	Mejora de la conducción y del tiro
	Jugadores	2

Explicación

El portero en la línea del área pequeña, pasa la bola al jugador y se dirige a uno de los postes de la portería . El jugador se adelanta al cono o silueta para conducir y meterse en el área y tirar a portería.

Tarea Nº 40	Objetivo	Mejora de la conducción y del tiro
	Jugadores	3

Explicación

El portero pasa la bola al jugador que se adelantará al contrario (este no podrá reaccionar hasta que no lo vea) que le presionará para que no pueda conducir y acercarse a la portería para tirar.

Tarea Nº 41	Objetivo	Mejora de la conducción y del tiro
	Jugadores	4

Explicación

Los jugadores distribuidos como en la imagen. Cuando salga conduciendo el jugador con la bola uno de los rivales de manera aleatoria intentará evitar que se acerque a portería para hacer tirar.

Tarea Nº 42	Objetivo	Mejora de la conducción y del tiro
	Jugadores	3

Explicación

Los jugadores mirando hacia la portería. El jugador con la bola (negro) conducirá hacia la portería y el jugador del equipo blanco irá a presionarle para obstaculizar la conducción y evitar que se acerque a la portería para tirar cuando lo vea.

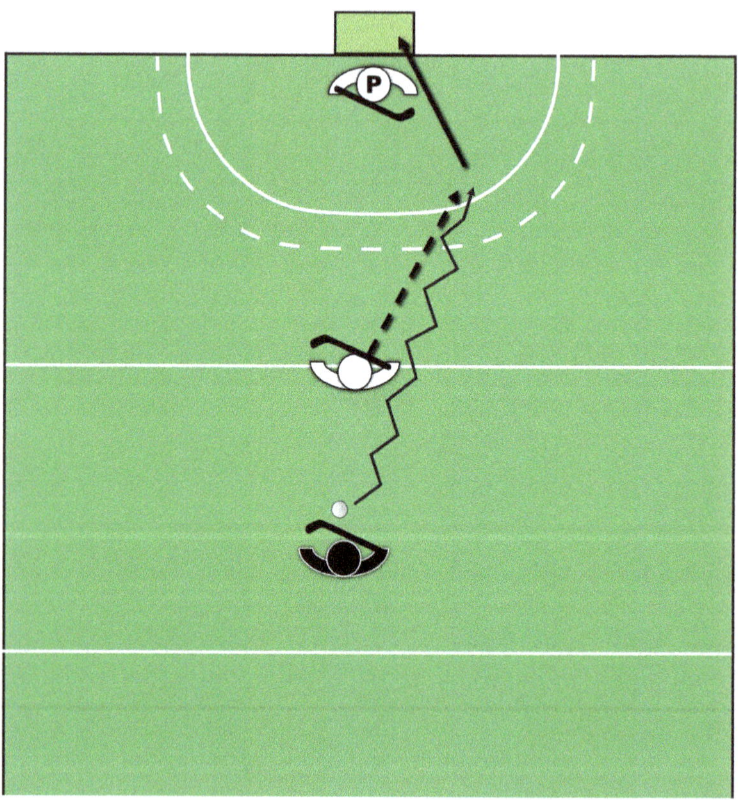

<table>
<tr><td rowspan="2">Tarea Nº 43</td><td>Objetivo</td><td>Mejora de la conducción y del tiro</td></tr>
<tr><td>Jugadores</td><td>4</td></tr>
</table>

Explicación

El jugador con la bola conducirá hacia la portería y uno de los jugadores, de manera aleatoria irá a presionarle para obstaculizar la conducción y evitar que se acerque a la portería para tirar.

Tarea Nº 44	Objetivo	Mejora de la conducción y del tiro
	Jugadores	4

Explicación

El jugador con la bola conducirá hacia la portería y uno de los jugadores, de manera aleatoria irá a presionarle para obstaculizar la conducción y evitar que se acerque a la portería para tirar.

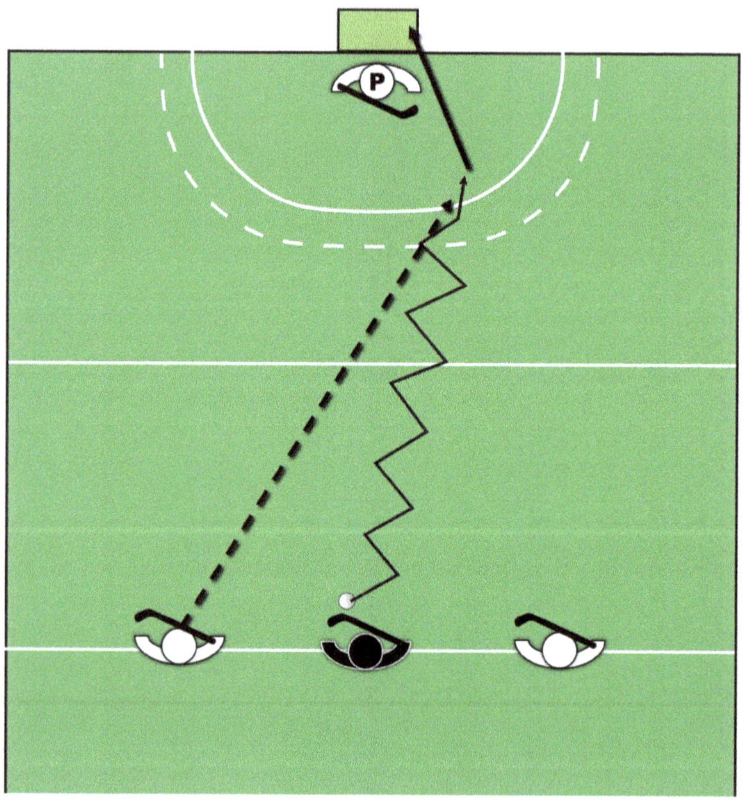

Tarea Nº 45	Objetivo	Mejora de la conducción y del tiro
	Jugadores	5

Explicación

El jugador con la bola conducirá hacia la portería y dos de los jugadores, de manera aleatoria irán a presionarle para obstaculizar la conducción y evitar el tiro a portería.

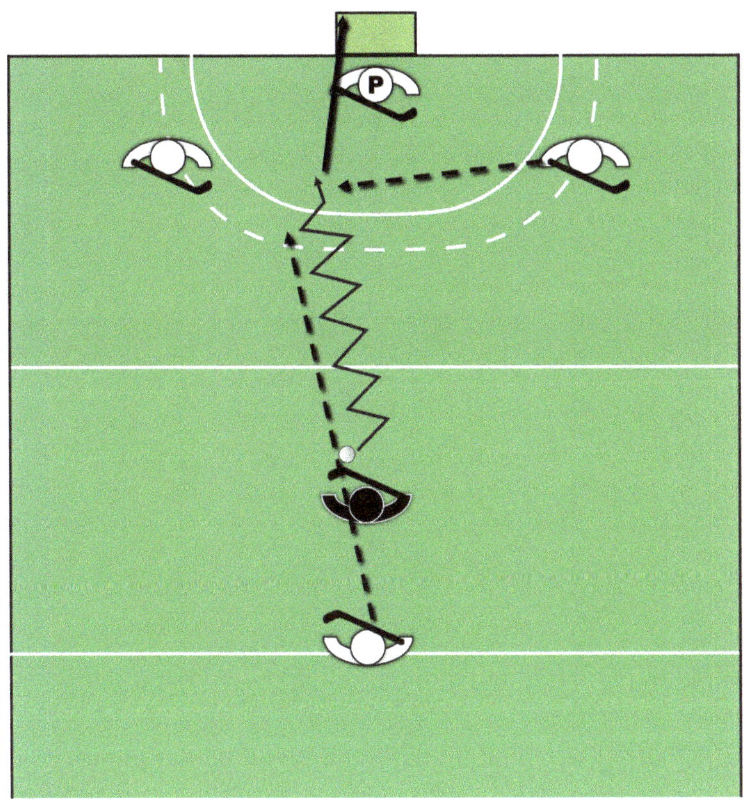

Tarea Nº 46	Objetivo	Mejora de la conducción y del tiro
	Jugadores	5

Explicación

El jugador con la bola conducirá hacia la portería y dos de los jugadores, de manera aleatoria irán a presionarle para obstaculizar la conducción y evitar el tiro a portería.

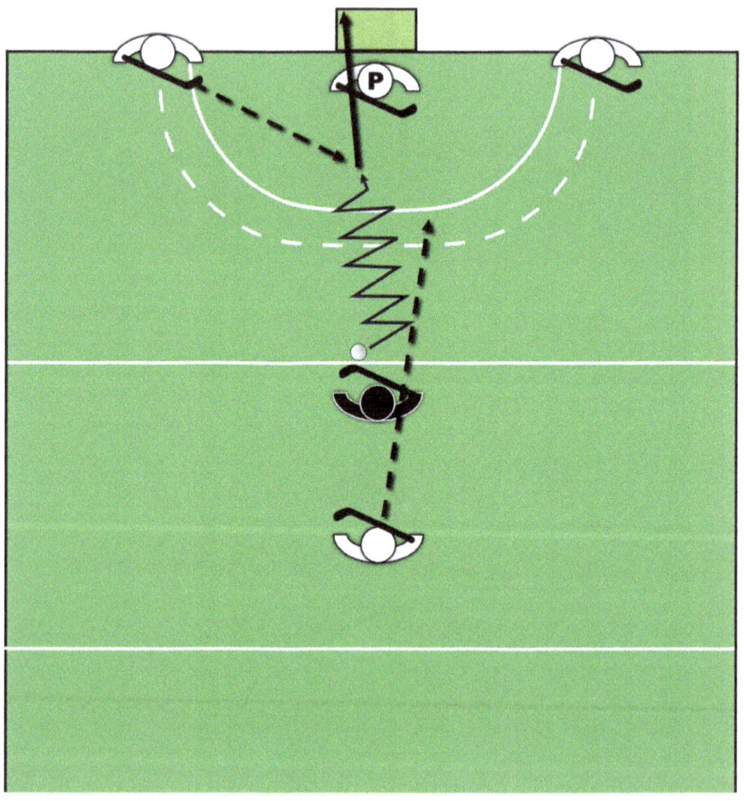

Tarea Nº 47	Objetivo	Mejora de la conducción y del tiro
	Jugadores	6

Explicación

El jugador con la bola conducirá hacia la portería y dos de los jugadores de manera aleatoria irán a presionarle para obstaculizar la conducción y evitar el tiro a portería.

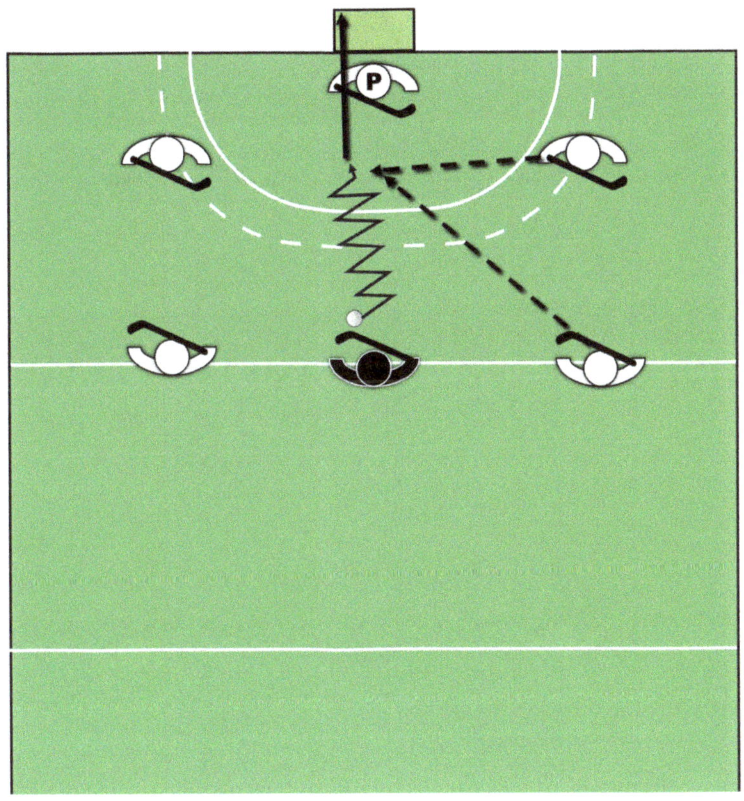

Tarea N° 48	**Objetivo**	Mejora de la conducción y del tiro
	Jugadores	6

Explicación

El jugador con la bola conducirá hacia la portería y dos de los jugadores de manera aleatoria irán a presionarle para obstaculizar la conducción y evitar el tiro a portería.

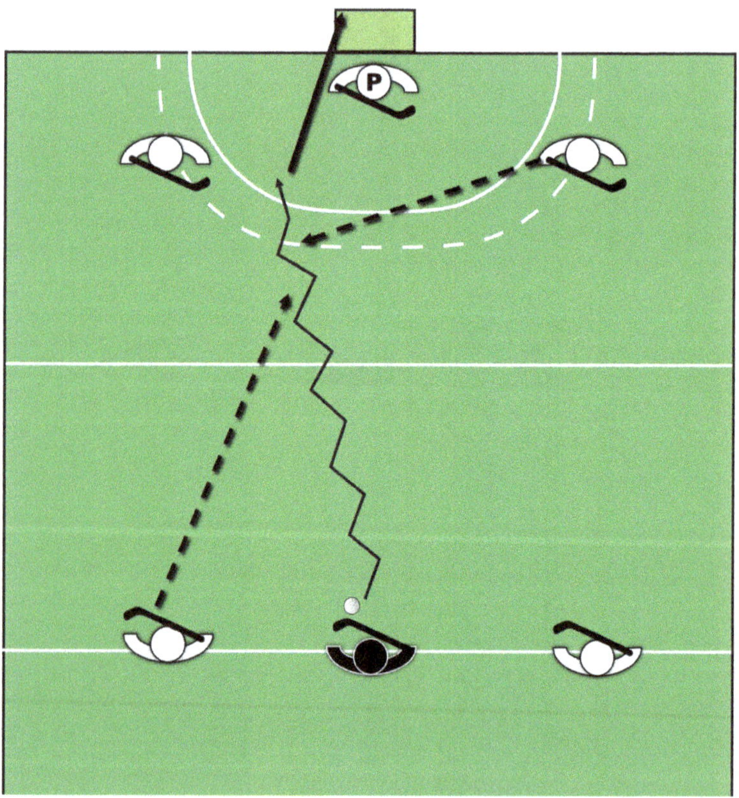

Tarea Nº 49	Objetivo	Mejora de la conducción y del tiro
	Jugadores	6

Explicación

El jugador con la bola conducirá hacia la portería y dos de los jugadores de manera aleatoria irán a presionarle para obstaculizar la conducción y evitar el tiro a portería.

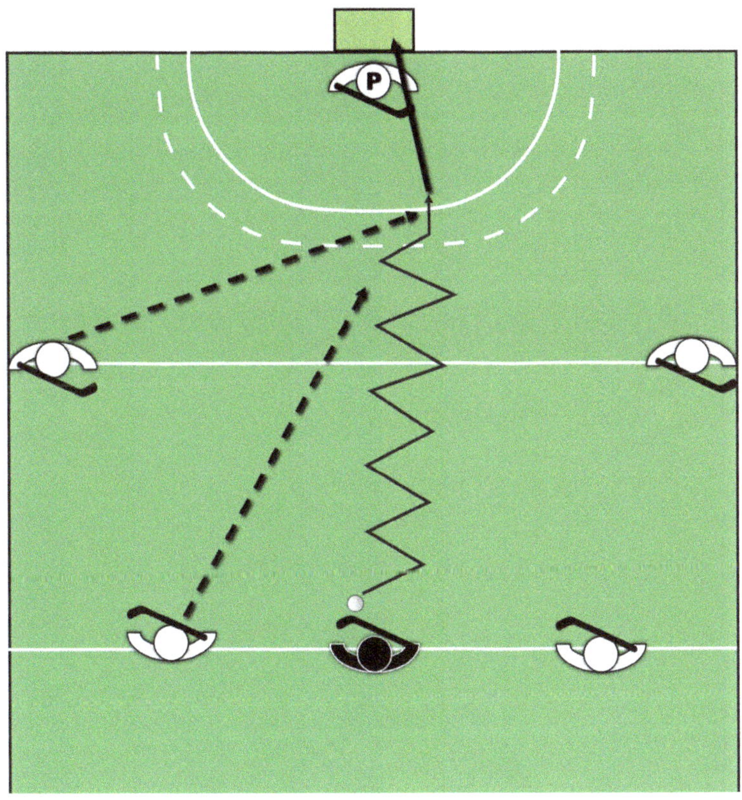

Tarea Nº 50	Objetivo	Mejora de la conducción y del tiro
	Jugadores	7

Explicación

El jugador con balón conducirá hacia la portería y uno de los jugadores rivales que están con un jugador negro irá a evitar el tiro y obstaculizar la conducción, liberando al compañero marcado. El jugador de atrás irá a marcar al jugador liberado. El jugador que conduce intentará tomar la mejor solución para finalizar el ataque.

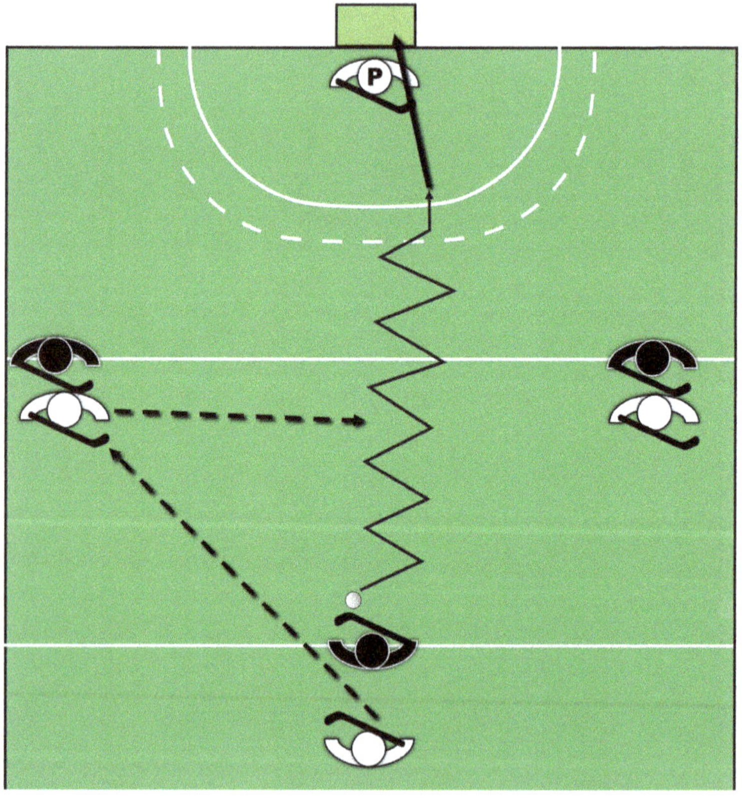

BIBLIOGRAFÍA

- Alarcón, F.; Cárdenas, D.; Clemente, V.; Collado, J. A. (Coord.); Guillén, J. C.; Jiménez, M.; Lázaro J.; Mercadé, O.; Ardoy, D. N.; Rivilla, I. y Sánchez, M. (2018): *Neurociencia, deporte y educación.* Editorial Wanceulen.
- Ballarini, F. (2016): *REC: ¿Por qué recordamos lo que recordamos y olvidamos lo que olvidamos?* Editorial Debate.
- Bargh, J. (2018*): ¿Por qué hacemos lo que hacemos?: el poder del inconsciente.* Editorial Ediciones B.
- Caballero, M. (2017): *Neuroeducación de profesores y para profesores: De profesor a maestro de cabecera.* Editorial Ediciones Pirámide.
- Crespo García, Manuel J. (2019): *Neurociencia aplicada al fútbol. Propuesta práctica.* Editorial Wanceulen.
- Espar, Xesco (2010): *Jugar con el corazón: La excelencia no es suficiente.* Plataforma Editorial.
- Fradua, Luis (1997): *La visión periférica del futbolista.* Editorial Paidotribo.
- Garganta, J. y Pinto, J. en Graça, A. y Oliveira, J. (1997): *La enseñanza de los juegos Deportivos.* Editorial Paidotribo.
- Jackson, Phil (2014): *Once anillos.* Editorial Roca.
- Jozami, Silvina (2019): *Potenciando tu mente deportiva. Neurociencia simple para transforma el rendimiento deportivo.* Editorial Caligrama.
- Marí, Pep (2011): *Aprender de los campeones.* Plataforma Editorial.
- Marí, Pep (2019): *Equipos campeones: Como convertir un buen equipo en uno mucho mejor*. Editorial Plataforma Impresa.
- Mora, F. (2014): *¿Cómo funciona el cerebro?* Alianza editorial.
- Mora, F. (2017): *Neuroeducación: sólo se puede aprender de aquello que se ama.* Alianza editorial.

- Navarro Valdivieso, F.; González Ravé, J. M. y Pablos Abella, C. (2014): *Entrenamiento Deportivo. Teoría y Práctica.* Editorial Médica Panamericana.
- Pérez, Marcial (2019): *Mente Deportiva: Entrenar el cerebro para extender los límites del rendimiento.* Autoría Editorial.
- Revuelta Candón, Amalia (2016): *El cerebro decide.* Editorial Fútbol Táctico.
- Tamorri, Stéfano (2004): *Neurociencias y deporte. Psicología deportiva. Procesos mentales del atleta*. Editorial Paidotribo.

www.ingramcontent.com/pod-product-compliance
Ingram Content Group UK Ltd.
Pitfield, Milton Keynes, MK11 3LW, UK
UKHW021828270726
14058UKWH00001B/34

9 788418 831164